Gustav Schlosser

Fortschritt, Fortenwickelung und Fortbildung im Kulturleben

Gustav Schlosser

Fortschritt, Fortenwickelung und Fortbildung im Kulturleben

ISBN/EAN: 9783743310551

Hergestellt in Europa, USA, Kanada, Australien, Japan

Cover: Foto ©Thomas Meinert / pixelio.de

Manufactured and distributed by brebook publishing software (www.brebook.com)

Gustav Schlosser

Fortschritt, Fortenwickelung und Fortbildung im Kulturleben

Zeitfragen des christlichen Volkslebens.

Band XIII. Heft 2.

Fortschritt, Fortentwickelung, Fortbildung im Kulturleben.

Von

G. Schlosser,
Pfarrer in Frankfurt a. M.

Heilbronn.
Verlag von Gebr. Henninger.
1887.

„Es ist doch alles in stetem Fortschritt begriffen," sagte mir im vorigen Herbst auf einer Reise ein mitreisender bleicher, junger Mann mit hohler Stimme, der für den Winter aus dem rauhen Norden in den milderen Süden flüchtete. „Es ist alles in stetem Fortschritt begriffen." — „Nur, scheint's, Ihre Gesundheit nicht," hätte ich beinahe gesagt, that's aber nicht und bin froh darum, denn der Arme, froher Hoffnung voll, ging offenbar dem Grabe entgegen und ist jetzt wahrscheinlich schon hineingesunken. Ist das auch ein Fortschritt? Ja und nein, je nachdem.

Der junge Mann hatte, ehe er mit jener Bemerkung ein Gespräch mit mir einzuleiten versuchte, in einer Zeitschrift, einer Art illustrierter Monatsschrift, gelesen, die er nun beiseite legte und auf deren Decke ich einige Zeichnungen von Maschinen, chemischen Retorten u. dgl. wahrnahm. Man konnte ja denken, er meine die Fortschritte der Neuzeit auf dem Gebiete der Mechanik, der Naturwissenschaften u. s. w. Aber da er das „alles" so entschieden betonte, mußte man annehmen, — was auch die weitere Unterredung bestätigte, — daß er das sagen wollte, was unserer Zeit fast zum Dogma und Hauptgebot geworden: Du sollst glauben, daß die Menschheit in stetem Fortschritt begriffen, daß namentlich die Menschheit der Gegenwart unendlich weit gegen frühere Zeiten fortgeschritten ist, — das ist das vornehmste und größte Gebot; das andere aber ist dem gleich: Du sollst glauben, daß die Menschheit unaufhaltsam noch viel weiter, ja ins Unendliche fortschreiten wird. Daran zu zweifeln, das zu verneinen, oder gar dem Fortschritt, was man dafür hält, hemmend in den Weg zu treten, ist Hochverrat an der Menschheit.

Was sagen nun wir Christen zu der Behauptung von beständigem Fortschritt der Menschheit? Wir sagen: Ja und nein, je nachdem. Man muß nur vor allem darüber im reinen sein, was Fortschritt eigentlich ist; denn es gab und giebt wohl keinen Rückschritt, der sich nicht selbst für einen entschiedenen Fortschritt hielte und sich dafür ausgäbe, und oft genug sind gerade die entschiedensten und heilsamsten Fortschritte als Rückschritte verschrieen worden, zumal in unserer Zeit. Es giebt Fortschritte, die im Grunde nur die traurigsten Rückschritte sind, bei Einzelnen, bei Familien, bei ganzen Völkern, bei ganzen Zeitaltern. Es giebt Fortschritte bei denen selbst ein so großer Fortschrittsmann, wie der Führer der gesamten deutschen Fortschrittspartei, wie dort in München auf der großen Naturforscherversammlung vor einigen Jahren, erschrocken: Halt! ruft. Es giebt einen Fortschritt, der gleicht dem Dahinrasen eines wild gewordenen Pferdegespannes, bei dem Rosse und Wagen, Insassen und Lenker alle die Hälse brechen können; es giebt Fortschritte im Bösen, Fortschritte, die gleichen der galoppierenden Schwindsucht, wie bei einzelnen, so bei ganzen Völkern, und ihr Ende ist wie bei dieser.

Über die Frage: Was ist Fortschritt? eine rechte Klarheit zu erlangen, ist nötig für jeden, der seine Zeit, seine Stellung und Aufgabe in ihr begreifen, jene bewahren und diese lösen will. Vor allem aber ist es dem Christen nötig, denn in dem Gebiet, das ihm das allerwichtigste ist, im religiösen, erschallt der Fortschrittsruf nicht minder laut und stürmisch wie im politischen und socialen, wenn der „Fortschritt" auch nicht mehr, wie vor 30—40 Jahren, Parteidevise ist und, zumal im politischen Gebiet, die betreffende Partei, seit man einmal angefangen, vom „Fortschrittsphilister" zu reden, den Namen aufgegeben und sich andere epitheta ornantia, natürlich auch sehr anerkennende und rühmliche, beigelegt, wie sie ja überhaupt nur mit ausgezeichneter Hochachtung von sich selbst zu reden pflegt. — Aber wahrlich! nicht bloß Leute, die im Banne der Phrase, des Stich- und Schlagworts stehen, verlangen Fortschritt, auch gründlichere Leute, die wohl wissen, was sie wollen, und zwar von den verschiedensten Richtungen, auch tief religiöse Leute, ja die entschiedensten Christen. Aber was für verschiedene nicht bloß, sondern entgegengesetzte Anschauungen haben sie vom Fortschritt unseres Geschlechtes in der Kultur, zumal in dem genannten Gebiet? Sie sprechen's deutlich genug aus: „Gebt," so heißt's von einer Seite, „die ganze Vorstellung (wenn nicht gar den thörichten Wahn) einer übersinnlichen, zukünftigen Welt, eines Himmels, einer Hölle, auf, haltet euch einfach und allein an das, was wir bestimmt wissen, das uns durch die Sinne eingeht, ans Diesseitige, ans Erdenleben, fordert nicht mehr: Daß das heranwachsende Geschlecht in diesen Märchen aus alten Zeiten erzogen wird, sorgt für tüchtigen naturwissenschaftlichen und sonstigen realistischen Unterricht, — neben dem vielleicht auch etwelche ein wenig Moral gelten lassen, wenn sie nicht als die allerfortgeschrittensten den Egoismus als alleinige und allein berechtigte Triebfeder und Norm erklären — und — „ihr verhelft der Menschheit zu einem großen Fortschritt!" „Nein," heißt's von einer anderen Seite, „Religion muß sein; sie ist die Grundlage wahrer Volkswohlfahrt; aber sie darf nicht den ausschließlichen Charakter tragen, sie muß auf die einfachen Sätze sich zurückführen lassen, in denen Christen, Juden, Türken und Heiden sich einigen können. Einigt euch dahin und ihr verhelft der Menschheit zu einem glorreichen Fortschritt!" „Behüte," heißt's wieder von einer anderen Seite, „das Christenthum ist jedenfalls die vollkommenste Religion, aber nicht dieses in verschiedene Konfessionen und Kirchen gespaltene, dazu mit der Zeitkultur im Widerspruch stehende. Hier gilt's einen Fortschritt, eine Fortentwickelung, eine Fortbildung zur Weltreligion." In welcher Weise? Darüber werden viele Vorschläge gemacht. Nicht anders ist's im Gebiet des politischen und socialen Lebens, wo die Fortschrittsforderungen und Ratschläge entgegengesetztester Art wohl kaum zu zählen und nur darin etwa innerlich verwandt und ähnlich sind, daß sie allesamt auf eine stärker oder schwächer fortschreitende Auflösung früher vorhandener Bestände, Ordnungen oder Schranken hinausgehen. Wir hören darüber ins einzelne; vorerst scheint's vonnöten, einmal zuzusehen, was eigentlich die landläufige Ansicht vom Wesen und Gesetz des Fortschritts ist.

Vorherrschend ist beim Durchschnittskulturmensch die Ansicht, die ihm wohl vernünftigerweise kaum bestreitbar erscheint, daß, kraft der dem Menschen angeborenen, leiblichen und geistigen Anlagen und Kräfte, ein stetes Fortschreiten in der Menschheit als eine Art Naturnotwendigkeit stattfinden müsse, in derart, daß, wenn ein paar Jahrzehnte, oder gar Jahrhunderte verflossen seien, ein Volk, oder die Menschheit ebendeshalb auch schon ein Stück weiter gekommen sein müsse in ihrer Kultur, ihren Kenntnissen, Einrichtungen, Gesetzen und Sitten, wenn auch einzelne kleine vorübergehende Hemmungen und Störungen vorgekommen sein mögen. Im großen ganzen geht's unaufhaltsam vorwärts. Das steht vielen so fest, daß allein schon das Alter einer Sache fast ein Zeugnis für ihre Geringwertigkeit und Unhaltbarkeit ist. „Soll, was vor 300 Jahren gegolten, auch heute noch gelten wollen?" das war vor 30, 40 Jahren die unermüdlich wiederholte, ja stehende Redensart der liberalen, rationalistischen Presse, wie in der sonstigen Erörterung der Tagesfragen, in Schulmeister- und oft nicht minder auch Pfarrkonferenzen, wobei man kaum jemals unterließ, hinzuzufügen: „im Zeitalter der Eisenbahnen und Telegraphen, der tief- und weitgehenden Forschungen im Gebiet der Naturwissenschaften". Mit ihnen, d. h. mit diesen Phrasen glaubt man, laut Ausweis ausführlicher Konferenzprotokolle aus einem Kirchengebiet des mittleren Deutschlands, die ganze Geltung der Sakramentslehre Luthers und der alten Kirche als Thorheit erwiesen und abgethan zu haben. Wir gehen auf diese Begriffsverwirrung zunächst hier gar nicht ein und fragen nur: Wie besteht denn jenes Gesetz, jene Notwendigkeit, ja nur die behauptete Thatsache des steten Fortschritts vor dem Forum der Geschichte? Die bestätigt das alles so wenig, daß sie vielmehr zahllose Beispiele vom Gegenteile aufweist. Sie lehrt weiter, daß mancher wirklich vorhandene Fortschritt doch bei weitem nicht so groß ist, früheren Zeiten, Zuständen und Kulturzuständen gegenüber, wie man's gewöhnlich anzunehmen pflegt; daß weiter in manchem Zeitalter Fortschritt und Rückschritt in bedenklicher Weise nebeneinander hergehen, oftmals selbst in einem und demselben Gebiet etwa des intellektuellen, etwa des wissenschaftlichen Lebens, wo z. B. eine aufstrebende Naturforschung jahrzehntelang eine blühende Sprach- und Geschichtsforschung in Rückgang gebracht hat, um selbst wieder in Rückgang zu kommen; wie früher eine enorme Gelehrsamkeit alles poetische, auch wohl künstlerische Leben daniederhielt und lähmte, eine rege philosophische Arbeit, die man für den Stolz des Geschlechtes und des Jahrhunderts hielt, von den sog. exakten Wissenschaften fast vollständig aus dem Leben verdrängt worden ist. — Ganz besonders häufig aber ging mit Fortschritten in äußerer Kultur ein Rückschritt des sittlichen Lebens, eine Abnahme der ethischen und nicht selten sogar auch der intellektuellen und physischen Kraft nebeneinander, ja, wie Hand in Hand, so daß man nicht weiß, ob man von Fortschritt dabei überhaupt noch reden darf und nicht vielmehr von Rückschritt reden muß. Vor

30—40 Jahren lernte man in den Lateinschulen das Versehen: Qui proficit in literis et deficit in moribus, plus deficit quam proficit (Wer fortschreitet in den Wissenschaften und rückschreitet in den (guten) Sitten, schreitet mehr zurück als voran). Im allgemeinen gilt das nicht mehr bei dem Geschlecht unserer Tage. Der intellektuelle Fortschritt, der Fortschritt im Wissen gilt als der Fortschritt katexogen und entschieden soviel, daß der Rückschritt in den Sitten kaum in Betracht kommt. Das Zurücktreten der **idealen**, oder gar der religiösen Interessen hinter den **materiellen** für einen Rückschritt zu halten, fällt dem Durchschnittskulturmensch der Neuzeit so wenig ein, daß er dies sogar wohl noch für den glorreichsten Fortschritt hält und proklamiert. Man wird in Bezug auf die Fortschrittsfrage selbstverständlich vor allem über die dem Menschen und der Menschheit gesetzte Aufgabe, das ihr gesetzte **Ziel** und die ihr verliehenen Gaben im Reinen sein müssen, ehe man sagen kann: sie ist fortgeschritten oder zurückgeschritten, das will heißen: sie ist ihrem Ziel näher oder ferner gekommen, hat ihre Gaben, ihr Pfund nach dem bekannten Gleichnis gemehrt, oder verkommen lassen, oder gar verschleudert. Es hilft wohl zunächst noch zur größeren Klärung und Kritik der landläufigen Meinung vom Fortschritt, wenn wir die verschiedenen Gebiete unterscheiden und einzeln ins Auge fassen, in denen man besonders die großen Fortschritte nachzuweisen pflegt, um das Urteil darüber vor allem einmal **aufs rechte Maß** zurückzuführen.

Da ist zuerst das Gebiet der **mechanischen Fertigkeiten**, die man ja wohl vor allem als Stolz des Jahrhunderts und der Menschheit in den Vordergrund stellt. Und wer wollte denn das auch gering schätzen, diese Leichtigkeit des Verkehres, die Bändigung so vieler Naturkräfte in den Dienst der Menschen, zur Triebkraft ihrer tausendfältigen Maschinen. Wir freuen uns alle der Möglichkeit, in wenig Minuten einen Gedanken und ganze Reihen von Gedanken über Länder und Meere hinweg, über den ganzen Erdball fliegen zu lassen. Wir erkennen's an: man hat es weit gebracht im Bau kühner Brücken über Meeresarme, im Legen von Schienen über hohe Berge, im Durchbohren derselben zu mächtigen Tunnels, doch imponiert uns das absolut nicht mehr als die in Felsen eingehauenen Tempel und Städte im alten **Indien**, die sog. sieben Wunder der alten Welt, wie die hängenden Gärten der **Semiramis**, die Riesenbilder, die man in Ninive und

Pergamos ausgräbt, die überdies von einer Kunst zeugen, die wir gegenwärtig wahrhaftig noch nicht übertroffen, vielleicht noch nicht erreicht haben, die **Obelisken** und **Pyramiden**, die man aufgerichtet ohne die mechanischen Hilfsmittel der Gegenwart. Zeigt unsere Zeit mehr Scharfsinn, so jene uralte Vorzeit mehr **Kraft**, mehr **Ausdauer**, mehr **Kühnheit**. Und man darf es wohl in Frage stellen, ob im gewerblichen Leben, auch dem **kunstgewerblichen** unsere Zeit und unser Geschlecht so gar hoch über den Geschlechtern der Vorzeit steht. Hat doch in diesen Tagen auf dem Anthropologen-Kongreß in Nürnberg Professor Virchow bewundernd von den feinen, schönen Verzierungen gesprochen, die man auf Geräthschaften aus der sog. Steinzeit, also der Zeit primitivster Kultur, ja eigentlich einer Zeit, die man sich als eine Zeit der Unkultur und Roheit denkt, gefunden hat.

Ein anderes Gebiet ist das der **Wissenschaft**, insbesondere der sog. exakten Wissenschaften, über deren Stand dem Sohn des neunzehnten Jahrhunderts das Herz schwillt, wenn er nur an die Möglichkeit denkt, mittelst der sog. **Spektralanalyse** die Bestandteile der Sterne am Himmel zu erforschen, aber einem Geschichtskundigen wird's doch kaum mehr imponieren, als jene Anfänge astronomischen Wissens bei den alten Ägyptern, die ohne Riesenteleskope schon vor 3000 Jahren die Grundzüge gegeben, über die man im großen und ganzen noch nicht hinausgekommen. Mit den anderen Lieblingswissenschaften der Neuzeit, mit denen man nahezu Abgötterei getrieben, **Chemie**, **Physiologie** u. s. w., mag man sich ja wohl rühmen, daß man in **Bakterien**, **Bacillen**, **Sporen** u. dgl. den Totengräbern unseres Leibes auf die Spur gekommen, dem **Tod** selbst aber noch nicht eine Hand breit seines Herrschergebietes abgerungen hat, wie er es zu des **Hippokrates** Zeit innegehabt. Und wie im Gebiet des gewerblichen Lebens das **griechische Feuer**, das **biegsame Glas** und das leuchtende **Rot der Glasmalerei** 2c., so ist auch unter den exakten Wissenschaften manche ganz verloren gegangen.

Ein anderes Gebiet ist das der **Kunst**, und da konnte doch auch nur die vollste, dünkelhafte Unwissenheit leugnen, daß unser fortgeschrittenes Zeitalter bei dem Altertum, bei dem Geschlecht, das vor 2000 Jahren gelebt und im sog. „finsteren **Mittelalter**" in die Schule gehen muß und kaum mehr kann, als nachahmen und mit all seinen Bemühungen, etwa auch nur einmal einen neuen selbständigen Baustil zu schaffen, zuschanden geworden ist.

In der Dichtkunst aber ist es eine ebenso unbestreitbare Thatsache, daß, wie in der alten Heroenzeit, so auch in der klassischen Litteratur von einem Epigonenzeitalter berichtet wird, einem Geschlechte schwächerer Art; ja es hat fast jedes Volk in diesem Gebiet des feinsten und edelsten Kulturlebens eine Blütezeit, einen Höhepunkt, den es nie wieder erreicht, wenn es ihn einmal überschritten hat. Dieser geschichtlichen Thatsache gegenüber, die im Gebiet des natürlichen humanen Völkerlebens niemand bestreiten kann und von der eine Ausnahme bloß da stattfindet, wo ein Übernatürliches neuschaffend hereintrat, läßt es eigentlich unbegreiflich erscheinen, wie die Sage vom steten Fortschritt entstehen und so allgemeine Annahme finden konnte. Nicht minder schwer zu begreifen ist's, wenn man die Thatsache ins Auge faßt, die im Gebiet der staatlichen und freiheitlichen Entwickelung der Völker uns entgegentritt. Gerade hier wird das Gesetz des steten Fortschrittes ja auch in der Theorie in demselben Maße behauptet, als man auf der anderen Seite kaum über irgend etwas mehr klagt und oft wütet, als über das, was man „Reaktion" nennt, welches Fremdwort man wohl im Sinne der Fortschrittler mit dem verurteilenden Wort: Rückschritt übersetzen darf. Ist denn eigentlich hier ein Gesetz steten Fortschrittes nachzuweisen und nicht vielmehr in unzähligen Fällen das gerade Gegenteil? — Wie entsetzlich tief steht der athenische Staat und das athenische Volk zu den Zeiten des Königs Philipp von Macedonien gegen die Zeit der Perserkriege, der Schlachten von Marathon und Salamis 150 Jahre früher! Ist das römische Volk in politischer und freiheitlicher Hinsicht fortgeschritten zur Zeit eines Tiberius und Nero, wo alles feil war für Geld und Sinnenlust und man sich für diese die schmachvollste Tyrannei gefallen ließ, gegen die Zeit eines Regulus, eines Mucius Scävola, eines Fabricius, der so wenig durch Gold sich verlocken, als durch einen Elefantenrüssel sich schrecken läßt? Nicht Fortschritt, sondern Rückschritt, nicht Besserung, sondern Verschlimmerung, ein Herabsinken von einer früheren Höhe in staatlicher und freiheitlicher Hinsicht ist der Verlauf der natürlichen Geschichte der Völker.

Und nun im höchsten Gebiet des menschlichen Lebens, im religiösen? Es ist da schon lange eine Anschauung auf- und zur Herrschaft gekommen, die man wohl als den Darwinismus auf dem theologischen Gebiet bezeichnen kann. Nach ihr soll die Religion, auch das Christentum nur aus einer natürlichen Entwickelung des geistigen Lebens entstanden und aus dem niederen zum höheren fortgeschritten sein. Ein freigeistischer Professor der Theologie hat dieser Anschauung, die übrigens längst das Evangelium des Fortschrittsphilisteriums geworden ist, zum Überfluß, aber diesem zur hohen Genugthuung noch einmal besonderen Ausdruck gegeben in einer Schrift über: die „Entstehung der Gottesidee". (NB. Nur eine Idee wird's genannt, wobei dahingestellt bleibt, ob und welche Wirklichkeit ihr entspricht.) Diese Gottesidee soll ursprünglich entstanden sein aus einem dunkeln Ahnen einer höheren Macht, die man als eine blinde Naturkraft zunächst scheu anbetete. Auf diese Naturkraft hat nachher der Mensch alles das, was ihm an und in ihm selbst zum Bewußtsein kam, nach einander übertragen. Zunächst seine eigene Intelligenz, sein Denken; so ward die Naturkraft in des Menschen Vorstellung zunächst ein denkendes, also ein persönliches Wesen. An sich selbst nahm er später wahr, daß das Sittliche noch über der Intelligenz, den Thätigkeiten des denkenden Verstandes, stehe, so hat man die ursprüngliche blinde Naturkraft noch mit der Eigenschaft der sittlichen Vollkommenheit ausgeschmückt und so die „Idee", die Vorstellung eines allmächtigen, weisen, heiligen Gottes, den christlichen Gottesbegriff, gewonnen. Das giebt sich nun für die fortgeschrittenste, auf der Höhe stehende theologische Wissenschaft aus. Und das nimmt ein gebildetes Publikum als solche auf und beklatscht sich selbst darin.

Wie das mit den Urkunden der christlichen Offenbarung stimmt, weiß jedes Schulkind. Aber wie stimmt's mit der Geschichte? Steht denn da nicht, auch dem blödesten Auge erkennbar, die unwiderlegbar geschichtliche Thatsache, daß bei allen Völkern der vor- und außerchristlichen Zeit das vollständige Gegenteil stattgefunden, daß die „Idee der Gottheit", um den Ausdruck einmal beizubehalten, sich nicht aus dem Unvollkommenen zum Vollkommenen entwickelt, sondern ein ursprünglich verhältnismäßig Gutes und Vollkommenes an religiösem Geistesbesitze und religiöser Erkenntnis im Laufe der Zeit herabgesunken und entartet ist, ein vom Hause verirrter verlorener

Sohn sein väterlich Erbteil verschleudert hat? Welch himmelweiter Unterschied ist zwischen der Götterwelt Homers, der religiösen Wahrheit der alten griechischen Mythen mit ihrem, man darf wohl sagen, heiligen Ernst, zwischen der religiösen Weltanschauung, die aus den erhabenen Tragödien eines Äschylos und Sophokles spricht, 400 Jahre vor Christi Geburt und der Volksreligion und Philosophisterei der Griechen 280 Jahre später, die einem geistreichen Kopf, wie Lucian, nur noch Stoff zur bittersten Satire liefern konnte? Die religiösen Sprüche und Lieder der alten Kanaresen erinnern an die erhabene Moral der Bergpredigt und nach mehreren Jahrhunderten hat das Hinduvolk kaum noch mehr, als eine Unzahl alberner Götzenfabeln, wie sie Heine mit Recht verspottet in seinem „König Wiswamithra".

Ja, geschichtlich unbestreitbar ist das Vorhandensein einer ursprünglich reineren Erkenntnis nicht bloß, sondern auch reinerer Sitte und größerer Fülle geistiger, sittlicher, wie meist auch leiblicher Kraft bei allen Völkern, die selbst freisinnige Philosophen und Geschichtsforscher auf eine Uroffenbarung, oder, wenn sie von einer solchen nicht reden wollen, auf ein Urbewußtsein der Wahrheit zurückführen; und ein Entarten, ein Verschleudern eines guten Erbteils nach allen Richtungen hin bildet den Inhalt der Geschichte der einzelnen Völker, die ja bekanntlich ohne Ausnahme mit einem völligen Bankrott nach allen Seiten hin endigt, einem sittlichen und intellektuellen, einer Verzweiflung, die Wahrheit zu finden, von der sie wie Pilatus nur noch spöttisch, und mit Achselzucken reden, und, infolge davon, einem Aufhören alles edeln Strebens, an dessen Stelle wilde, wüste Sinnenlust bis zur Unnatur und Widernatur tritt (Röm. 1, 24), ein Umschlag einer überfeinerten Kultur in bestialische Roheit, ein moralisches Verfaulen und Verwesen, dem dann auch die äußere Auflösung des Volkskörpers folgt.

Es giebt auf dieser Erde und im Verlauf ihrer Geschichte, eine große Menge vergangener nicht bloß, sondern untergegangener Kulturperioden und Kulturvölker und selbst da, wo man ein Volk kindlicher Anfangszeit gefunden zu haben glaubte, wie in Amerika, fand man die Reste einer höheren Kultur aus der Vergangenheit unter der Erde und war das gegenwärtige Geschlecht nicht ein wildes von Haus aus, sondern ein verwildertes.

Aber, sagt man, die Kultur des vergangenen Geschlechts nimmt das folgende herüber und führt sie mit frischer Kraft weiter, so daß im großen ganzen doch der Kulturfortschritt stattfindet, eine Summe von geistigem Gewinn sich aufspeichert. Das ist in gewissem Maße richtig. Aber dies Aufnehmen der Kulturelemente vergangener Zeit ist doch nur vorhanden innerhalb der **christlichen** Welt, nicht der **natürlichen**, von der man das Gesetz steten Fortschritts behauptet. Den alten **Germanen**, wie sie als Naturvolk in die Weltgeschichte traten, ist es nicht eingefallen, sich den edleren Kulturbesitz der alten **Römer** in ihren Dichtungen, ihrem Recht, auch ihrer edleren Philosophie (Seneka ꝛc.) anzueignen. Sie eigneten sich von selbst zuerst nur ihre **Kriegskunst** an, um sie mittelst derselben aus **Deutschland** hinaus zu werfen und dann ihre Raub- und Plünderungszüge nach ihrem schönen **Italien** zu unternehmen. Nach kurzer Zeit ihrer näheren Bekanntschaft mit **Rom** hatten sie dessen Laster, aber nichts von seiner Kultur angenommen und das siebente und achte Jahrhundert findet auch die alten Germanen als solche, die ihr gutes Erbteil, ihre Zucht, Keuschheit, Treue und Wahrhaftigkeit völlig verschleudert haben.

Und das ist das Los aller Völker, die nur das Gesetz einer natürlichen Entwickelung haben. Das Psalmwort: „Alles Fleisch ist wie Heu und alle Herrlichkeit des Menschen wie des Grases Blume, das Gras verdorrt, die Blume verwelkt", — wird auch in dieser Hinsicht immer und immer wieder wahr. Alles bloß natürliche Wesen liegt unter dem Gesetz des Todes. Es wächst, blüht, verwelkt, vergeht. Nicht bloß der einzelne Mensch. „Ja, das **Volk** ist das **Heu**!" die Nationalität so gut, wie der Einzelmensch. Die Anschauung eines steten Fortschreitens, wie sie herrschend ist, leidet an dem Grundfehler, daß sie dies Gesetz des Todes nicht kennt und sie kennt es nicht, weil sie das Gesetz der **Sünde** nicht kennt, das die Menschen scheidet von der Lebensquelle, von der getrennt das natürliche Leben versiegen, verwelken, schließlich verwesen muß. Damit hängen andere schwere, verhängnißvolle Irrtümer zusammen. Es fehlt die Erkenntnis der Notwendigkeit des Hereintretens und Hereinwirkens neuer Lebenskräfte aus einer höheren Welt, die Erkenntnis der Hilfs- und Heil-, der Erfrischungs- und Stärkungsmittel, wenn Ermattung, Zerfall eintritt, gerade so wie des Zieles, nach dem die Entwickelung gerichtet sein und fortschreiten muß, wozu jene Kräfte der **Ewigkeit** unbedingt nötig sind. Es fehlt in Zusammenhang damit, die rechte Erkenntnis vom Wesen des Menschen und der Menschheit als einer Einheit. Selbst der Einzelmensch wird nicht mehr als eine Einheit erkannt, die Berechtigung aller seiner Gaben, aller Seiten seines Wesens, aller seiner Seelenkräfte auf Ausbildung in gesunder Harmonie. Daher die Verkehrtheit, den wesentlichen Fortschritt in einer starken Entwickelung und Ausbildung einzelner Seiten seines Wesens, etwa seines Verstandeslebens zu sehen und anderes zu mißachten, wohl gar zu verachten, zu unterdrücken, darunter erfahrungsmäßig das, was das allerwichtigste und notwendigste ist, das Ethische und seine Grundlage, seinen Lebensnerv, das Religiöse. Man ist blind gegen die Thatsache, daß im Leben aller Völker von dem Augenblicke an, da das religiöse Leben ermattete, der Rückschritt unaufhaltsam bis zum Tode und zur Vernichtung eintrat. In dieser Blindheit verkennt man denn auch vollständig die Grenzen, die dem menschlichen Können und Fortschreiten gesetzt sind und überschätzt ins Maßlose das, was er kann. Man wiegt sich in dem Gedanken: dem Menschen ist bald nichts mehr unmöglich! und schaut mit Stolz auf jene Triumphe, die der Erfindungsgeist der Neuzeit gefeiert, Telegraph und Schienenweg 2c., und vergißt, daß gerade die allerwichtigsten Dinge, die in den ältesten Zeiten den Menschen verborgen, unzugänglich und unmöglich gewesen, es heutzutage noch sind, trotz jener Erfindungen. Mag man Telegraphendrähte durch Weltmeere, viel tausend Meilen weit in die andere Welt legen, in die legt man keinen, die nur einen Schritt weit von uns entfernt ist, in die Ewigkeit; mag man Meeresarme überbrücken, — man überbrückt nicht die kleine, zwei Fuß breite Grube, an der eines jeden Menschen Lebensweg endet; und wenn Riesenteleskope den weiten Himmelsraum durchforschen und der Sterne Bahnen beobachten, in des Grabes Dunkel bringt kein noch so scharf bewaffnetes Auge, zu sehen, wohin des Menschen Weg geht, der da hinabgestiegen ist. Das aber gehört zu den Grundverkehrtheiten der modernen Ansichten vom Fortschritt, daß, wie man bei Einzelfortschritten die Frage: Was hat's fürs sittliche Leben für eine Bedeutung? meist ganz außer acht läßt, so auch die Schranken verkennt, die dem menschlichen Wissen und Können gesetzt sind. Das aber führt zu einem Hochmut, der stets zum Falle führt. Das klassische Altertum hatte da viel tiefere Einsicht, als die fortgeschrittene Neuzeit. Untergang menschlicher Größen infolge der

Mißachtung der Schranken menschlichen Kennens und Könnens ist der Inhalt vieler ihrer tiefsinnigsten Mythen und Sagen, Dichtungen und Kunstwerke; auch die klassische Dichtung unseres deutschen Volkes hatte dafür ein tiefes Verständnis und bringt den Gedanken in mannigfaltiger Weise in ihren großartigsten Tragödien. Dem modernsten dünkt es schön und Zeichen großen starken Geistes, solche Schranken zu mißachten, im Wahn, sie überspringen und durchbrechen zu können und, wenn's mißglückt, gegen den großen Gott im Himmel die Faust zu ballen und „Empörung durch das All" zu rufen; und doch hat die moderne Menschheit schon manche erschütternde Lehre erhalten in der Thatsache, daß die äußersten Ausläufer des Fortschritts im technischen Gebiet in den Werkzeugen des Massenmeuchelmordes der Nihilisten und Anarchisten sich geltend machen und wiederholt schon im Laufe der letzten hundert Jahre die fortgeschrittenste Kultur ihre eigensten Werke selbst zerschlug, und nachdem sie auf blutigen und rauchenden Trümmern ihre Orgien gefeiert, — wie in der ersten französischen Revolution, von 1848 wie 1871 in der Pariser Kommune — zuletzt mit eigener Hand sich selbst erwürgte.

Das muß aber das letzte Ende allen Fortschrittes sein, der die Kraft einer höheren Welt verschmäht, ein höchstes Ziel über dieser sichtbaren und vergänglichen Welt außer Augen läßt, daß er sich selbst vernichtet, in Staub und Moder verfällt, wie die großen Weltreiche der Vorzeit mit ihrer oft riesenhaften Kultur, die rettungslos ins Grab sinkt und auch von keiner nachfolgenden Kultur des natürlichen Menschen wieder aufgenommen und weitergeführt wird von Fortschritt zu Fortschritt.

Wohl aber that das eine Kulturmacht, die „in der Fülle der Zeit" hereintrat in die Menschheit, die alle Entwickelung des menschheitlichen Lebens, anhebend an dem einzelnen, fortschreitend zum Gemeinschaftsleben in Familie, Gemeinde, Staat und Volkstum unter das Gesetz der Wahrheit, Gerechtigkeit und Liebe stellte, mit Kräften die Wahrheit, Gerechtigkeit und Liebe als mit einem Sauerteig und Salz die Masse durchdringend, der Fäulnis wehrend, Triebkraft gebend, das Christentum, das aber durchaus nicht, wie man das unsinnigerweise behauptet, eine natürliche Blüte der natürlichen Menschheitsentwickelung ist, ja das nicht einmal an etwas damals Vorhandenes anknüpft, sondern, obwohl die alttestamentliche Verheißung erfüllend, gleich dieser als etwas ganz Neues von oben her in die Menschheit eintritt, im schärfsten Gegensatz sogar zu der ganzen, damals die Menschheit beherrschenden Zeitkultur. Gleichwohl hat es, was Gutes irgendwie, irgendwo und irgendwann auch aus der natürlichen Kulturentwickelung vorhanden war, aufgenommen und fortgeführt, wie es gleich anfangs unter dem Zusammensturz der antiken Welt unter den Stürmen, den brandenden Wogen der Völkerwanderung die Litteratur des klassischen Altertums in seine stillen Asyle aufnahm und künftigen Geschlechtern erhielt, seinen Basilikenbau zur prachtvollen Schönheit christlicher Dome weitergeführt, seiner Sprache neue Blüte verliehen, nachmals die geheimnißvollen Hieroglyphen, Keilschriften, ꝛc. noch älterer Kulturperioden entziffert, ihre Kunstwerke aus der Erde gegraben und späteren Geschlechtern zugänglich gemacht, stets anregend zu neuem Schaffen. Steter Fortschritt ist nur im Gebiet des christlichen Lebens, erfolgend nicht mit und aus einer Naturnotwendigkeit, sondern aus Kräften der Gnade, die unzerstörbares Leben der Menschheit einpflanzt, immer neue Lebensquellen eröffnend. So wird es die wahre Kultur weiter tragen, sie mehrend durch die Jahrhunderte bis zur Vollendung. Die Verklärung der Menschheit und Welt in seliger Harmonie, Gott zur Ehre und den Menschen zur unzerstörbaren Freude.

Aber nun innerhalb des Christentums, der Offenbarungsreligion, ist da Fortschritt, Fortentwickelung, Fortbildung? Man hört seltsamerweise auch hier nicht selten die Frage: Soll, was vor 300 Jahren gegolten, auch jetzt noch gelten? Unbegreiflich ist's, wenn auch hier noch Spuren der philiströsen Fortschrittsphrasen vorkommen, welche, wenn nicht auf Eisenbahn und Telegraph, so doch auf geologische, chemische, physikalische Forschungsergebnisse hinweisen, als vor denen christliche Lehren nicht mehr haltbar wären, oder mit denen sie sich erst auseinander oder in Einklang zu setzen hätten, wobei man außer Augen läßt, daß es das Christentum, — was ja jetzt mehr als noch vor zwei, drei Jahrzehnten anerkannt und betont wird, vor allem nicht mit Fragen des Wissens, sondern des Gewissens zu thun hat, und daß jene Ergebnisse exakten Wissens meist gar keinen Einfluß auf das Gewissensleben und das Seelenheil haben oder nur haben können.

Einem sehr tüchtigen, leider aber in religiösen Dingen sehr wenig bewanderten Artillerieoffizier, der, von der Macht menschlichen Erfindungsgeistes erfüllt, auf die unwiderstehliche Gewalt neuer Torpedoschiffe hinwies, gab in aller Bescheidenheit ein Einjährigfreiwilliger die Antwort: „Herr Major, mag Ihr Torpedo den dicksten Stahlpanzer eines Kriegsschiffes durchbohren und den Koloß in die Luft sprengen, so ertötet er auch nicht den geringsten bösen Gedanken, der in eines Ihrer Rekruten oder auch in Ihrem eigenen Herzen sich regt." Und der Mann nahm das ruhig hin. Man wird die bösen Gedanken und Lüste aber auch ebensowenig auf chemischem Wege zersetzen, ein bekümmertes Herz mit Hebelarmen erleichtern, mit Hebemaschinen über seinen Kummer erheben oder ein krankes Gewissen mit Salben heilen. Einem sonst vielseitig gebildeten Kaufmann aber, der mit menschheitlichem Fortschrittsstolz darauf hinwies, daß die modernen Verkehrsmittel in Schiffahrt, Meeres- und Gebirgstunnel, Telephon und Telegraph die fernsten sich nahe gebracht, gab sein Gehilfe, Mitglied eines christlichen Vereines junger Kaufleute, auch in aller Bescheidenheit die Antwort: „Aber mit alledem werden doch auch noch nicht einmal zwei Menschen unter demselben Dache einander näher gebracht, die sich einander entfremdet haben." Das ward aber nicht freundlich aufgenommen, weil der Kaufherr darin eine Anspielung auf sein eheliches Verhältnis zu sehen glaubte, woran der junge Mann übrigens nicht gedacht. Er hat aber etwas vollständig Treffendes gesagt und eine Einsicht in das Wesen der Religion und ihr Gebiet bewiesen, gerade wie der Einjährigfreiwillige. Sie hat es mit dem sittlichen Zustande des Menschenherzens, seinen Ewigkeitsbedürfnissen zu thun. Das Menschenherz aber mit seinen Bedürfnissen, hat man mit Recht gesagt, bleibt immer dasselbe, wie Gott auch derselbe bleibt. Und was einmal ein Herz in seinen unaustilgbaren Bedürfnissen wahrhaft befriedigt hat, muß es zu allen Zeiten befriedigen können. Zu allen Zeiten ist's Sünde, Leid und Tod, über welche der Mensch hinweggeholfen haben möchte, und was ihm einmal darüber wirklich hinweggeholfen hat, muß ihm immer darüber hinweghelfen können. Was einmal wahr gewesen ist, muß immer wahr sein.

Und so wenig die Menschen im Laufe der Jahrhunderte eine neue Sonne brauchen, so gewiß die Pflanzen und Tiere von heute zum Gedeihen und Wachstume dasselbe Sonnenlicht nötig haben, wie die

Pflanzen und Tiere vor 6000 Jahren, so gewiß braucht der innere Mensch zum Wachstum und Gedeihen dieselbe Wahrheit derselben Geistessonne, wie vor 300, vor 1000 und noch mehr Jahren. Fast schämt man sich, solche Wahrheiten immer wieder zu sagen; aber man muß sie sagen, weil ihr Gegenteil immer noch in weiten Kreisen die herrschende Anschauung ist.

Aber auch solche, welche eine ewige, in ihrem Kern unübertreffbare und unveränderbare Wahrheit anerkennen, reden von einem Fortschritt innerhalb des Christentums, von Fortentwicklung und Fortbildung, wenn auch nicht des Christentumes, so doch der **kirchlichen Lehre und ihrer äußeren Gestaltung**, insonderheit der **Kirche als Institution und Gemeinschaft**. Wir haben Bedenken, auch diejenigen hierher zu rechnen, deren wir schon Eingangs einmal gedacht, welche das Christentum wohl die vollkommenste Religion nennen, aber das „in Konfessionen gespaltene, mit der Zeitkultur in Widerspruch stehende", — das will wohl heißen: positive, wirklich auf der biblischen Offenbarung beruhende Christentum nicht dafür gelten lassen wollen. Im Grunde ist ihnen doch bei ihrer Forderung einer Aussöhnung mit der Zeitkultur in Aussicht auf eine Fortbildung des Christentums zur Weltreligion diese Zeitkultur die höchste Instanz, das Christentum selbst nur das Ergebnis einer natürlichen Entwicklung, die in ihrer kirchlichen Gestaltung zurückgeblieben, mehr oder weniger verkrüppelt ist. Wo sich ein Gegensatz mit der Zeitkultur zeigt, wird diese schließlich Recht behalten und wenn man diese Aussöhnung mit der Zeitkultur, nach einem geflügelten Worte von weiland Bunsen einen Tausch der semitischen Sprache mit der japhetitischen nennt, so ist's schließlich doch nicht ein Wechsel des **Ausdruckes**, sondern des **Inhalts**. Um einen anderen Preis werden sich schließlich auch nicht, wie man das in Aussicht stellt, die der Kirche entfremdeten Massen wiedergewinnen lassen, und es ist noch sehr die Frage, vielleicht auch gar keine Frage, ob ihnen nicht das **Theater** und verwandte Anstalten angenehmere Kulturstätten sind, als die Kirche. Es kommen hier nur diejenigen in Betracht, die mindestens die Ehre haben, nach der landläufigen Redeweise zu den **Pietisten**, wohl auch „Muckern", „Orthodoxen" gerechnet zu werden, d. h. die positiven Christen. Auch unter ihnen ist ein Verlangen nach Fortschritt, Fortentwicklung, Fortbildung, mit bestimmten Vorschlägen, wie solche zu erzielen sei. Da stehen

denn — und damit kommen wir zur eingehenderen Besprechung
dessen, das wir oben (S. 5) nur im allgemeinen angedeutet —
in erster Linie die Freunde der sogen. Union. Nach ihnen
ist das historische Christentum in allzu enge Lehrgrenzen (Kon-
fession) eingeengt, an einer rechten Entfaltung seiner Lebenskräfte
gehindert gewesen. Der begrüßungswerteste Fortschritt wäre, wenn
nicht die völlige Beseitigung, was ja auch von einem abstrakten
Biblicismus gefordert wird, so doch die Lockerung und Weiterung
der Lehrgrenzen, wobei man über das Maß dieser Weiterung nicht
gerade sehr einig ist. „Mindestens ihr protestantischen Haupt-
kirchen, laßt die Schranken um eure Altäre fallen, vereinigt euch zu
einer großen, wenn nicht „Nationalkirche", so doch einer
großen evangelischen Kirche, welche dem materialistischen Zeitgeist, wie dem nicht minder gefährlichen Rom Trotz bieten kann.
Das wäre ein großer Fortschritt, Fortbildung der lutherischen
und reformierten zu einer großen evangelischen Kirche." Neben
der Union steht die gegen Besonderheiten etwas tolerantere Evangelische Allianz und als neueste Vereinigung der sog. Evangelische Bund, der die Besonderheiten der Konfessionen und
Richtungen ignoriert und nur auf den Namen: Protestantisch oder
Evangelisch, der Kirche dieses Namens zu größerer Kraftentfaltung
verhelfen will: Aber der Vorschläge sind noch viel mehr. „Mit
Weltchristen ist nichts anzufangen. Ihr Gläubigen sammelt
euch! gründet Gemeinden von lauter Erweckten, Bekehrten; schließt
euch an uns an, die wir solche haben! Sie sind das Salz der
Erde!" Doch, „was hilft euch das alles", heißt's wieder, „solange
ihr nicht fortschreitet zur apostolischen Urkirche, die wieder
ihre Apostel hat und die ganze Ämterfülle, ihre Bischöfe, Evangelisten,
Engel, Hirten und Lehrer. Kommt, ihr Glieder aller Kirchen und
sammelt euch in der apostolischen Gemeinde, und der größte Fortschritt ist geschehen; denn Christus, der Herr, wird dieser Gemeinde entgegenkommen, sie als seine Braut heimholen, und sein
Reich vollenden!" „Doch nein, daran liegt's auch nicht," heißt's
wieder, „die geschichtlichen Kirchen der Reformation sind
ganz gut, es hat ihnen nur Eins gefehlt. Sie haben den Artikel
von der Heiligung vernachlässigt. Diesen Artikel beizufügen,
das ist der rechte und notwendige Fortschritt, Fortentwicklung,
Fortbildung." Und wieder andere treten auf: „Zur Lehr-
bildung hat unsere Zeit keinen Beruf. Der größte Schaden der

Kirche ist das **Staatsjoch**, das sie tragen muß. Brecht dieses! Fortbildung nicht der Lehre, sondern der Verfassung thut jetzt not! Statt Staatskirche — **Volkskirche**! oder besser: **Freikirche**! „**Bischöflich Regiment**!" ruft der eine. „**Das Regiment ruht in der Gemeinde**!" der andere. Das lehren die **Symbole**. Und es sind keine gleichgültigen, sondern sehr gewichtige Stimmen, die sich da vernehmen lassen. Hocherleuchtete Theologen wie praktische Kirchenmänner, deutsche Fakultäten wie blühende **Synodalkirchen** Amerikas verhandeln darüber. Und wieviel andere Fragen noch, welche tiefchristliche Gemüther beschäftigen, von deren richtigen Lösung ihnen der Fortschritt des kirchlichen Lebens, — somit des gesamten Kulturlebens — abhängig erscheint! Die Frage nach dem kirchlichen **Amt**, seinem Wesen und seinen Vollmachten, das Wesen der **Sakramente**, so vieles aus der Lehre von den letzten **Dingen**, vom **tausendjährigen Reich**, da der Herr Christus mit einemmal die Gewalt alles Bösen bändigt und bindet und einen Zustand auf Erden schafft, den höchsten Kulturzustand, da Wahrheit vom Himmel schaut, Güte und Treue einander begegnen, Gerechtigkeit und Güte sich küssen. Unabweisbar tritt in der Verhandlung über solche Fragen die weitere als mehr oder weniger entscheidend für positive Christen hervor: Was sagt denn das **kirchliche Bekenntnis** darüber? Da heißt's von der einen Seite: Die Sache (wie z. B. die Lehre vom tausendjährigen Reich) ist in den Symbolen entschieden. Von der anderen: Die Symbole sind hier noch nicht zum Abschluß gekommen; sie bedürfen in diesem Punkte noch der Fortentwicklung, der Fortbildung. Da haben wir also die Frage nach dem Fortschritt ꝛc. auch auf der **konservativen**, ja **konservativsten** Seite, der positiv-gläubigen, ja konfessionellen. Wahrhaftig Grund genug, die Frage: was ist Fortschritt? nachdem wir die landläufige Ansicht als haltlos, ja thöricht abgewiesen, einmal vom christlichen Standpunkt aus zu untersuchen und zu erörtern. Das ausführlichere Thema der Überschrift aber haben wir gewählt, weil ein wirklicher **Fortschritt**, wenigstens einer guten Sache, nur in ihrer **Fortentwicklung** und **Fortbildung** sich vollzieht, während allerdings bei einer schlechten der Fortschritt nur darin besteht, daß man sie aufgiebt, da ihr Festhalten notwendig zum schlimmsten, verderblichsten Rückschritt des gesamten Lebens führen muß.

Zum Fortschritt gehört nun vor allen Dingen — wie wir S. 7

angedeutet — ein bestimmtes Ziel, nach dem man hinstrebt, auf das man, wie man zu sagen pflegt, lossteuert. Es kann von einem Fortschritt bei einer Seefahrt nicht die Rede sein, wenn man ein Schiff besteigt und läßt es treiben, wohin der Wind geht, oder zu Land einen Wagen und läßt die Pferde laufen, wohin sie wollen. So kann im Menschenleben von keinem Fortschritt die Rede sein, wenn man in den Tag hineinlebt ohne bestimmtes Ziel, läßt sich treiben von jeweiligen Neigungen, Begierden, Einfällen, Umständen oder auch vom Zeitgeiste, von der Mode u. dgl. Kein Lehrling, kein Studierender wird Fortschritte machen, wenn er nicht weiß, was er werden will, werden soll, auch werden kann, und zwar, wenn es richtig gehen soll, hat er nicht bloß einen Teil seines Lebens, sondern sein ganzes Leben ins Auge zu fassen, dessen zweiter, größerer Teil in der Ewigkeit liegt, wo ihm auch sein letztes, höchstes Ziel gesteckt ist; sonst könnte das ganze Erdenleben sich schließlich als eine Irrfahrt herausstellen. In der Arena, beim Lauf in den Schranken, läuft man nicht „als aufs Ungewisse", sondern hat ein vorgestecktes Ziel im Auge; für den Christen ist es kein vergänglicher Kranz, sondern ein unvergänglicher. So kann auch von keinem Fortschritt der Menschheit im ganzen die Rede sein, wenn sie nicht ihr Ziel erkennt und im Auge hat, das aber auch in der Ewigkeit liegt, das höchste Kulturziel, das ihr vom Anfang gesteckt ward: die Erde und die Kreaturen zu beherrschen, sich selbst zur Freude und zu Gottes Ehre.

Zum Fortschritt gehört weiter eine feste Bahn, ein fester Boden, auf dem man fortschreitet. Das ist kein Fortschritt, wenn jemand etwa auf der Straße wandelt, die ans Flußufer zur Landungsbrücke der Dampfschiffe führt und, wenn etwa das Schiff noch nicht da ist, das ihn weiterführen soll, über den Rand hinüber ins Wasser stürzt. Und so ist es auch kein Fortschritt, wenn man von dem festen Boden des Evangeliums, wenn irgend eine schwierige Frage noch nicht gleich gelöst werden kann, ins bewegliche und unsichere Gebiet der Philosophie, der Spekulation, des menschlichen Meinens hineingerät; gerade wie es in der weltlichen Wissenschaft noch kein Fortschritt ist, wenn man den festen Boden der Thatsachen und zweifelloser Erfahrungen verläßt und, wie das jetzt so häufig, ins Gebiet der Vermutungen und Hypothesen hineingerät.

Zur Fortbildung gehört ferner eine Sache, die fortgebildet werden kann und fortgebildet werden muß. So ist es keine Fortbildung, wenn etwa ein Bildhauer das angefangene Marmorbild, weil es etwas spröde gegen seinen stumpfen Meißel sich verhält, in seinem Zorn in Stücke schlägt, oder in eine Ecke wirft und ein anderes in bröckeligem Sandstein oder Gyps anfängt. Und kein Fortschritt, keine Fortbildung ist's, wenn man, wie das das Fortschritts- und Fortbildungsverfahren des ganzen oder halben Rationalismus ist, die Lehren der alten Kirche, die Symbole, von der Sünde, Gnade, Rechtfertigung wie der heil. Dreieinigkeit, die nicht ohne Schwierigkeiten sind, aufgiebt und an ihre Stelle die bloßen Ideen Gott, Tugend, Unsterblichkeit setzt und etwa den gottmenschlichen Erlöser zu einem bloßen Ur- und Vorbild der Menschheit macht, wie der Protestantenverein, oder auch wie die Nietschelsche Schule alle metaphysischen Wahrheiten des Christenthums abweist und sich nur mit seiner ethischen Seite befassen will. — So ist's auch im staatlichen, socialen Leben nie ein Fortschritt oder eine Fortbildung gewesen, wenn man um der Schwierigkeit erwünschter, auch nötiger Reformen willen, wie in der französischen Revolution, die ganze Staatsform in Trümmer schlug, oder auch nur die Reform alter, vielleicht sehr zopfiger gewerblicher Ordnungen (Zünfte, Innungen c.) damit vollzog, daß man alle Ordnungen aufhob und schrankenlose Gewerbefreiheit einführte. Daß es kein Fortschritt war, beweist die nachher als unabweisbar sich geltend machende Reaktion, die meist erst dann eintritt, wenn des Schadens unerträglich viel geschehen ist. Und dann geht in politischem Gebiet nicht selten der Rückschlag in die früher beklagten Zustände zurück und noch über sie hinaus.

Weiter ist es kein Fortschritt, wenn man jungen Leuten, die über die schwere Konstruktion der Chöre in den Tragödien des Aschylos nicht gleich Herr werden können, sagen wollte: wir wollen lieber bei der Lektüre des Herodot oder des Cornelius Nepos oder gar bei dem τυπτω, τυπτεις, τυπτει bleiben, und im Übersetzen uns genügen lassen an terra est rotunda; das ist doch viel leichter und verständlicher, und da können doch alle beisammen bleiben, die Schwachen, wie die Starken, die Fleißigen wie die Trägen. So machen's aber vollständig unsere Vermittelungstheologen, zumal die Nationalkirchenkünstler, wenn sie für den großen Neubau oder Fortbau, den sie im Plane haben, nichts anderes als gemeinsames Fundament haben wollen, oder nötig zu haben glauben als ein paar einfache allgemeinen Sätze, etwa nur das sog. formale oder materiale Prinzip des Protestantismus, zu dem ein modern-reformatorischer Geist neuerdings noch ein drittes: das „wissenschaftliche" als notwendige Ergänzung in Vorschlag gebracht hat.

Und ebenso ist es kein Fortschritt, wenn man es macht wie „Hans im Glück", der den Goldklumpen, den Lohn langjähriger saurer Arbeit, weil er ihm etwas schwer ward, gegen eine Kuh verhandelte und diese gegen ein Schwein, das wieder gegen eine Gans und die Gans wieder gegen zwei Schleifsteine, am Ende froh darüber, daß auch diese ihm über die Brüstung eines Ziehbrunnens ins Wasser fielen, weil er nun alle Last los war. Diesen Fortschritt sehen wir im Rationalismus vollzogen, der einst zu Semmlers und Michaelis Zeit noch etwas von dem alten Gold, dem Ergebnis langer, gründlicher Arbeit der Kirche mitnahm, es bald aber gegen immer ärmlichere Vernunftsätze umtauschte bis auch die bloße Anerkennung einer Gottheit, die ihm endlich in den sog. freien Gemeinden weiland Ronge und Uhlichs kläglichen Angedenkens als wertloser Stein zu seiner eigenen großen Freude ins Wasser fiel. Einen ähnlichen rapiden Fortschritt haben die Schweizerischen Staatskirchen gemacht, die zuerst eine Verstümmelung des Apostolischen Glaubensbekenntnisses im Gebrauch bei der Taufe je nach dem Gutdünken der einzelnen Pfarrer nachsahen dann den ganzen Gebrauch oder Nichtgebrauch desselben freigaben, um ihn schließlich ganz zu verbieten.

Fortschritt ist nicht ein Heraustreten aus der Fülle in die Dürftigkeit oder gar den Mangel, aus der Bestimmtheit in die Unbestimmtheit. — So ist es auch im staatlichen Leben an sich noch kein Fortschritt, wenn man eine bindende Ordnung nach der anderen auflöst, eine Autorität nach der anderen erschüttert, beseitigt, wie in der französischen Revolution, wo Girondisten, Jakobiner, Cordeliers, Anarchisten sich ablösten und die konstitutionelle Beschränkung der Monarchie in die Republik und Schreckensregierung hinauslief.

Das uns am nächsten liegende Gebiet für unsere beobachtende Betrachtung ist das kirchliche, religiöse, und zwar sind es da die wirklich wohlgemeinten, von wirklichem starken religiösen Interesse getragenen Fortschritts-, Fortentwicklungs- und Fortbildungsbestrebungen, die, trotzdem sie wohlgemeint und von religiösem Interesse getragen sind, doch in die Irre gehen und meist das Gegenteil von dem erreichen, was sie erreichen wollen, weil man über das Wesen eines richtigen Fortschritts, der stets nur in Fortentwicklung, Fortbildung einer gegebenen richtigen und guten Sache besteht, nicht im klaren ist. Dies zeigt sich besonders an der kirchlichen Gestaltung, in welcher man dem religiösen Leben aus den Zeiten herrschender Engherzigkeit einen Fortschritt in eine gesunde Weite, aus herrschender Zerspaltenheit und Zersplitterung in eine kräftigende **Einheit** verschafft zu haben glaubt, der sog. Union, und zwar nicht bloß der sog. **absorptiven**, welche die alten Kirchen auflösen und in eine neue, wie es wörtlich übersetzt heißt, „aufsaugen" will, sondern auch der sog. **Consensusunion**. Beide geben zu, daß eine Kirche als **Glaubensgemeinschaft** ein **Bekenntnis** und demnach auch **Lehrbestimmungen** und **Lehrgrenzen** haben muß, die das Gemeinsame ein-, das Gegnerische selbstverständlich ausschließen, — denn, hat man mit Recht gesagt, was nicht **ausschließt**, schließt auch nicht ein. — Aber, sagen sie weiter, die alten reformatorischen Kirchen haben die Grenzen doch zu **eng** gesteckt, und ihre Lehrbestimmungen sind zu spitzfindig. Darüber ging die protestantische Kirche auseinander und bot das traurige Bild des Bruderzwistes, statt daß eine große, der **römischen** Kirche imponierende Einheit sich bildete, abgesehen davon, daß in der Enge und im erbitterten Kampf die Liebe erstarb, der Herzschlag der Kirche ermattete, ihr Blut stockte. Das zu bessern, die große siegeskräftige Einheit herzustellen, müssen die alten Grenzen fallen, die alten knifflichen Lehrbestimmungen aufgegeben werden. Die sog. absorptive Union setzt nun an Stelle der alten Bekenntnislehren eine Anzahl ganz **allgemein**, dazu meist auch noch ganz **unbestimmt** gehaltener Sätze, wie sie oben schon angegeben wurden, in deren Auswahl ihre **Führer** übrigens nicht einmal einig sind, so daß man nicht weniger als **siebenerlei** Art dieser Union zählt. Die gläubige Consensusunion dagegen sagt: Alle Lehren, die beiden Kirchen **gemeinsam** sind, bleiben nach wie vor in Geltung und diejenigen, welche **verschieden** sind, bekommen eine Fassung, welche verschiedene Auffassung und Auslegung je im Sinne einer jeden Kirche ermöglicht, oder auch sie bleiben in der alten Fassung, werden übrigens für nebensächlich und demnach nicht mehr kirchentrennend erklärt. Beide Unionen weisen dann wohl gern auf die Thatsache hin, daß jene trennenden Unterschiede ja so sehr aus dem Bewußtsein der heutigen protestantischen Welt verschwunden sind, daß man sich ja wohl einigen und die alten Kirchen zu einer großen neuen fortbilden könne.

Solchen Fortschrittsplänen stehen jedoch sehr gewichtige Bedenken entgegen. Zunächst würde man, was doch eine Grundbedingung wäre, schwerlich ein einheitliches Urteil darüber zustande bringen, welche der historisch bestehenden Grenzen denn wirklich als zu eng, welche Lehrbestimmungen als zu spitzfindig zu erachten seien und darum ohne Schaden oder gar zum Nutzen des Ganzen aufgegeben werden könnten. Es ist eben, worauf wir noch ausführlicher zurückkommen müssen, nicht alles eng und spitzfindig und darum nutzlos oder gar schädlich, hemmend, wie man dafür hält. Und was das „Verschwundensein aus dem Bewußtsein" der gegenwärtigen protestantischen Welt anlangt, welches Verschwundensein aber gegenwärtig selbst entschieden in Verschwinden begriffen ist, so sind es nicht bloß die paar Unterscheidungslehren der lutherischen und reformierten Kirche, sondern es sind noch sehr viele andere auch von den gemeinsamen Lehren verschwunden, so daß, wenn man nur das wollte gelten lassen und für berechtigt erklären, was im Bewußtsein der großen Menge lebt, man kaum mehr an christlicher Lehre in der Kirche übrig behalten würde, als was etwa die verkümmerte deutschkatholische Gemeinde hat, der unsere historischen Kirchen auch in der äußeren Erscheinung bald so ähnlich sein würden, daß sie den Namen „Kirche" auch noch drangeben könnten und gerade so weit wären, wie „Hans im Glück". Weiter aber, und auch darauf werden wir noch einmal etwas ausführlicher zurückkommen müssen, was das „mangelnde Bewußtsein" anlangt, so hält man bei allen anderen und selbst sehr unwichtigen Angelegenheiten für nötig, daß sie bei vollem Bewußtsein betrieben werden, und nur die so unendlich wichtige religiöse Angelegenheit sollte bei mangelndem Bewußtsein erledigt werden? Im Gegenteil. Kommt jemals eine wahre Union, eine Fortbildung beider Kirchen und auch wohl noch einer dritten, vierten in Eine zustande, so wird es nur dann geschehen, wenn jede dieser Kirchen ihrer Lehren und deren Unterschiede recht lebendig sich bewußt ist. Das mag paradox klingen, aber sehr leicht läßt es sich als sehr vernünftig, ja selbstverständlich erweisen. Hier sei nur das eingehender erörtert, daß alle Versuche solcher Fortbildungen völlig gescheitert sind und ihr Erfolg für immer nicht bloß ins Gebiet der Unwahrscheinlichkeit, sondern der Unmöglichkeit gehört.

Recht treffend hat einmal der sel. Vilmar in seiner Epoche machenden Schrift: „Theologie der Thatsachen und Theologie der Rhetorik" die Theologen, welche ganz wohlmeinend glaubten, die gewünschte Einheit der Kirchen damit herstellen zu können, daß man sie auf einige ganz allgemeine elementare Wahrheiten gründe, ABC-Darier genannt, die nicht über die Anfangsgründe hinauskommen können oder mögen. Strebsame Geister begnügen sich nicht mit dem ABC, weder im Weltlichen, noch im Geistlichen, so wenig sich die Menschheit mit dem von Rousseau einst als Ideal empfohlenen sog. Naturzustand zufrieden geben könnte, obwohl unter Umständen in gewissem Sinn und Maß, wie wir es auch noch zu erörtern gedenken, eine Rückkehr zu einem Urzustand ein sehr entschiedener Fortschritt sein kann. Streitfragen müssen eben ausgetragen werden, und nur der Indifferentismus begnügt sich auf die Dauer mit allgemeinen, die Unterschiede verdeckenden Fassungen. Was half es denn zum Frieden und zum Fortbau der allgemeinen evangelischen Kirche, daß man beispielsweise beim heil. Abendmahl, wo die beiden Kirchen auseinandergehen, die sog. referierende Spendeformel erfand: „Christus spricht ꝛc.", die es jedem frei lassen sollte, sich dabei zu denken, was er wollte? Kaum hatte man angefangen, im heil. Abendmahl etwas mehr zu erkennen, als ein bloßes Gedächtnismahl, eine wirklich, reale Heilsgabe, als man auch wissen wollte, was es für eine Realität ist, und nicht bloß wissen, sondern auch aussprechen und bekennen, da man überdies absichtliche Undeutlichkeit oder gar Zweideutigkeit beim Allerheiligsten für Sünde hielt. Und die Einigungsformel, welche in der kirchlichen Gestaltung einen Fortschritt herstellen sollte, ward zum Streitobjekt, über das die Kirche zerrissener ward, als sie vordem gewesen, aus zwei Konfessionen drei.

Oder sollten etwa die Christen unserer Zeit weniger in die Tiefe gehen und nach bestimmter Erkenntnis und klarem Ausdruck derselben streben, als die der vergangenen Zeiten? Und wäre das ein Fortschritt, wenn wir weniger gründlich, weniger klar und weniger fest und bestimmt wären, als die Alten? Noch niemals ist eine Streitfrage damit aus der Welt geschafft worden, daß man sie ungelöst ließ und ihren Gegenstand für gleichgültig oder für allzu schwer, oder für obsolet erklärt. Stets brach der Streit von neuem aus und zwar heftiger und ausgedehnter. Denn zu den Zweien, die früher stritten, kam noch ein Dritter, der wider beide stritt und nicht selten mit Machtgeboten Frieden zu stiften suchte, und kamen die, welche zum dreifachen Streit den vierten brachten, nämlich den Streit gegen Gewissenszwang. Absolut kein Fortschritt, keine Fortbildung ist die falsche Union, dieser Frieden stiften sollende Zankapfel, und Fortschritt ist wahrhaftig nicht Unterbrechung und Hemmung der Fortbildung.

Nun noch ein Wort über die angeblich zu engen Grenzen und die knifflichen Lehrbestimmungen der kirchlichen Bekenntnisse. Wir sagten schon: Nicht alles ist eng und knifflich oder gar engherzig, was einem so vorkommt. Wir fügen die Behauptung hinzu: Unsere Väter, in Kraft ihres tiefgewurzelten, religiösen Lebens, haben meist mit großem geistigem Scharfblick die Gefahren gewisser Lehren, die in ihren Konsequenzen eintreten mußten, erkannt und haben, nicht in Streitsucht, sondern in heiligem Pflichtgefühl und im Bewußtsein schwerer Verantwortlichkeit geglaubt, jenen Gefahren entgegentreten oder ihnen vorbeugen zu müssen, eben durch solche Lehrbestimmungen, die weniger tief Sehenden eng, knifflich oder gar spitzfindig erscheinen, die aber gleichwohl aus der vollen **Einfalt des Glaubens** kamen; und der geschichtliche Verlauf hat sie vollständig gerechtfertigt. Falsche Lehren und Grundsätze, und gerade die vor allen, welche nachmals zu den schlimmsten Verirrungen führen, pflegen oft zuerst in sehr unschuldiger, oder auch sehr unscheinbarer Gestalt aufzutreten und vollziehen nachher, wenn ihnen nicht gewehrt wird, unaufhaltsam ihre Konsequenzen zum Verderben. Und so ist's nicht bloß mit geradezu **falschen** Lehren und Grundsätzen, sondern auch mit **unklaren, ungenauen** oder **mehrdeutigen Fassungen an sich** richtiger Lehren 2c. Sie sind wie die kleinen Öffnungen an den Dämmen der Fluß- und Meeresufer, klein wie die Gänge eines Maulwurfs und wegen der deckenden Grashalme dem oberflächlichen Blick kaum oder gar nicht bemerkbar, und gleichwohl öffnen sie den landverheerenden Fluten den Weg. Oder sie sind selbst wie die Miasmen, welche Krankheit und Tod bringen. Das Auge sieht sie nicht, und nur besonders angelegte Naturen spüren instinktiv an ihrem Gesamtbefinden, daß sie vorhanden, und daß die Luft nicht rein ist.

Am klarsten mag man das wohl an der römischen Kirche erkennen und an dem scharfen Protest, den die Reformatoren gegen viele ihrer Lehren und Einrichtungen erhoben. Fast alles, was wir in ihr als eigentlich unbiblisch, ja unchristlich ansehen, ablehnen, ja verwerfen und bekämpfen, wie den Bilderdienst, die Heiligenverehrung, ja selbst den Ablaß und die Unfehlbarkeit haben ursprünglich eine gar unschuldige Gestalt gehabt. Wenn jetzt der Marien-, Heiligen- und Bilderdienst in manchen katholischen Gegenden ganz unbestreitbar ein ganz dickstofflicher Aberglaube und Götzendienst ist; wenn, wie die Anekdote geht, der Kroat, der gern die Uhr gestohlen, aber sich nicht getraute, weil sie unmittelbar neben einem Kruzifix an der Wand hing, endlich auf den Ausweg kam: „Ich halt' dem Herrgöttle die Augen zu"; wenn der italienische Bandit der heil. Jungfrau für den „glücklichen" Ausgang eines Raubzuges eine Kerze gelobt; wenn, was nicht Anekdote, sondern gerichtlich konstatierte Thatsache ist, vor etwa 25 Jahren in einem Städtchen am Mittelrhein ein bigottes Weib einen siebzehnjährigen, ebenfalls sehr bigotten Jungen, den sog. Propheten von B., zum ehebrecherischen Umgang verführte und sein Gewissen damit beschwichtigte, daß sie mit ihm gelobte, falls ihnen ein Kind geboren würde, so solle dieses ein Priester werden; wenn das verbrecherische Paar am Ausgang des Dorfes ein Kruzifix errichten ließ mit der ausdrücklichen Tendenz, dem Mordversuch gegen den im Wege stehenden Ehemann Gelingen und Straflosigkeit vor Gott zu sichern und solchen Mordversuch zuerst mit Gift und dann mit der Axt auch wirklich ausgeführt, so wird jeder rechtschaffene Katholik mit Schauder und in vollster Entrüstung das alles als schreckliche Verirrung und scheußlichsten Mißbrauch erklären und sich entschieden darauf berufen, daß seine Kirche die Gebote Gottes lehre und Heiligung von ihren Gliedern fordere, wird auch darauf hinweisen, daß zahllose Katholiken im Anschauen ihrer Heiligenbilder, ihrer Kruzifixe am Weg zc. sittliche Erhebung empfunden. Aber der Zusammenhang jener Verirrungen, deren Triebfeder allerdings nur menschliche Sünde und vielleicht teuflische Einwirkung, mit der römischen Lehre von Bilder- und Heiligenverehrung und vor allem der römischen Genugthuungslehre mit ihrer falschen Gewissensbeschwichtigung wird unschwer zu erkennen und schwerer zu leugnen sein, und so weit wir auch entfernt sind, in der Weise des vulgären Liberalismus Rom und die römische Kirche mit Skandalen aus dem römischen Volksleben bekämpfen oder gar verlästern zu wollen oder wirksam bestreiten zu können glauben, so behaupten wir doch kühnlich, die Väter unserer Kirche haben vollständig recht gehabt, wenn sie jene Lehren, wie jene Praxis der römischen Kirche in Bilder- und Heiligenverehrung und Genugthuung, wie alles, was irgendwie dem Menschen eine Gewissensberuhigung **außer dem Verdienst Christi** schließlich ein Ruhepolster fürs Gewissen gewähren kann, auch in ihrer verhältnismäßig unschuldigsten Gestalt verwarfen und die **schriftgemäße Lehre von der Rechtfertigung allein durch den Glauben** in der schärfsten und bestimmtesten Weise faßten und betonten, und in allen jenen vielberufenen Streitigkeiten, wie den synergistischen handelte es sich durchaus nicht um Knifflichkeiten. Und ebensowenig handelte es sich um solche in den Kämpfen nach der anderen Seite, die gegen jede Verdunkelung und Abschwächung der sola fide gerichtet waren. Es haben bekanntlich die Römischen die Kernlehre unserer Kirche aufs härteste angeklagt und verlästert; man ist so weit gegangen, die lutherische Lehre von der „Rechtfertigung allein durch den Glauben", wer weiß wie oft, und zwar von Seiten hochangesehener Katholiken eine „Religion der Gauner und Schurken" zu nennen, selbstverständlich ohne jemals auch nur den Schatten eines Beweises an einer Thatsache bringen zu können, daß jemals ein Schurke oder Gauner sich damit gerechtfertigt hätte: „Ich glaube ja an Christum, so darf ich sündigen"; — es lag nahe, ein **Mißverständnis** der protestantischen Lehre von römischer Seite anzunehmen und durch einen Nachlaß in der Schärfe des Ausdrucks eine Annäherung anzubahnen — unsere Väter gaben auch nicht um ein Jota nach. Vor etwa 20 Jahren wurde von friedfertigen katholischen Theologen, denen bei entschiedenster Liebe zu ihrer Kirche doch nicht das Auge von Fanatismus so geblendet war, daß sie nichts Gutes mehr auf protestantischer Seite hätten erkennen und anerkennen mögen, der Nachweis versucht, daß die **positiven** Protestanten doch eigentlich den Katholiken sehr nahe gekommen seien und die alten Schroffheiten aufgegeben hätten, daß insonderheit der rege Betrieb christlicher Liebesthätigkeit ein Zeichen sei, daß man das alte: „allein durch den Glauben" aufgegeben, die Notwendigkeit der Werke zu erkennen anfange, was neben anderen Fortschritten als einer der entschiedensten zur endlichen Wiedervereinigung führend zu begrüßen sei; — es ward damals ein Zusammengehen der Konservativen auf beiden Seiten aufs eifrigste betrieben (Erfurter Konferenz). — Da trat ein Mann auf, den man wohl unter den eigenen Kirchgenossen des ärgsten Romanisierens beschuldigte, der selige Prof. Vilmar in Marburg, und schrieb unter dem Titel: „Vermeintliche Fortschritte" eine geharnischte Erklärung gegen jene gutgemeinte Auffassung auf katholischer Seite, und erklärte, daß wir nicht ein Titelchen von der alten reformatorischen Lehre nachgelassen haben, auch nie nachlassen werden, und gerade die positiven Protestanten am allerwenigsten, trotz brennendster Sehnsucht nach Frieden und Einigung (Joh. 10, 16). Im protestantischen Gebiet aber sind die sektirerischen Gemeinschaften, welche mit jenem sola fide sich in Widerspruch gesetzt oder in anscheinend größerer Sorge um Heiligung des Lebens die vermeintliche **Einseitigkeit** der Lehre von der Rechtfertigung aus dem Glauben allein durch eine neue **Heiligungslehre** ergänzen wollten, je und je bis in die neueste Zeit hinein in traurige Verirrungen gerade in **sittlicher** Hinsicht hineingeraten. Solches haben aber die Reformatoren, die in tiefster, stärkster Seelenerfahrung die sola fide als den kräftigsten Sporn zur Heiligung erkannt, vorausgesehen oder vorausgeahnt oder auch als unausweichbare Konsequenz geschlossen und darum ihre Lehre so scharf und anscheinend **eng** gefaßt, daß sie den guten Werken auch nicht die geringste Mitwirkung zum Seligwerden zugestanden. So haben sie es auch anderen Lehren gegenüber gehalten, die, wenn sie auch nicht zu solchen äußersten Verirrungen führten, doch um deswillen, daß sie von der **Hauptsache** ablenken konnten, als seelengefährlich und seelenverderbend erscheinen mußten. Das Gleichnis von den kleinen Öffnungen in Fluß- und Meeresdämmen rechtfertigt auch in der nachreformatorischen Zeit das so viel getadelte Verhalten sogenannter lutherischer „Streithähne" und „Zionswächter" gegenüber mancher Bewegung in der nachreformatorischen Zeit, z. B. gegenüber dem sog. Pietismus, der ja sonst so viel Gutes brachte. Daß er mit seiner Betonung des **Lebens** gegenüber der reinen Lehre dem kirchenverwüstenden Rationalismus den Weg gebahnt, ist ja kirchengeschichtliche Thatsache, und beweist diese Thatsache, daß die Eiferer recht gesehen oder doch richtig geahnt haben. Will man aber noch mehr illustrierende Gleichnisse zur Rechtfertigung der anscheinenden Engherzigkeit, des Hangens an Spitzfindigkeiten 2c., so denke man an eine Kette, an der schwere Lasten gezogen werden sollen und bei deren Herstellung ein gewissenloser Arbeiter denken wollte, es sei ja genug, wenn nur der Anfangsring, an dem die Kette hängt und etwa die Mehrzahl ihrer Glieder von ganz solider Arbeit seien, unter den anderen könne auch einmal ein brüchiger, schwacher oder rostiger Ring sein, das habe nicht so viel zu sagen; aber — reißt dieser eine, so zerreißt die ganze Kette, und die Last stürzt zerschmetternd in die Tiefe. Oder an den Bau einer Brücke oder eines Gewölbes, wo der Baumeister meinen wollte, es dürften auch einige weiche und bröckelige unter den festen Gewölbesteinen sein, oder an den Erbauer einer Lokomotive, der denken wollte, auf eine kleine Schraube komme es wohl so genau nicht an, — die mangelhafte Schraube kann ebenso wie der schlechte Stein und das schwache Kettenglied Ursache großen Unglücks und Todesverderbens werden. So ist das, was man bei unsern Vätern Spitzfindigkeit und Engherzigkeit, dazu wohl auch noch Streitsucht, Rechthaberei zu nennen pflegt, meist vollständig gerechtfertigte Vorsicht, hervorgegangen aus treuster Gewissenhaftigkeit im Haushalten über Gottes Geheimnisse. Allerdings kann es ja auch zu unnützen und darum bedenklichen, schädlichen Spitzfindigkeiten kommen; es kann sich die Arbeit, die im Glauben begonnen, in spitzfindige Verstandesoperationen verlaufen; es kann der ökumenische Blick sich verdunkeln, der auch in minder richtigen Kirchen das Wirken erkennt und anerkennt, das der Geist Gottes darin hat, Vorzüge, die eine andere Kirche vor der eigenen hat; es kann im Streit die Liebe erkalten, Rechthaberei und Stolz sich einmischen, was ja oft geschehen; das wird eben zu verurteilen und zu meiden sein, ist aber wohl in unserer Zeit im protestantischen Gebiet nur vereinzelte Erscheinung. Aber daß man die Schärfe und angebliche Enge kirchlicher Lehrbestimmungen aufgeben sollte in der Meinung, mit Unbestimmtheiten oder etwa auch fremdartigen Zusätzen eine Fortbildung der Kirche zu einer größeren Einheit und Wirksamkeit zu ermöglichen, folgt daraus doch noch lange nicht. Es gilt, in voller Konsequenz der großen Grundwahrheiten zu bleiben, und nur in dieser Konsequenz kann von einer Fortentwicklung und Fortbildung die Rede sein.

Wir müssen auf der festen Bahn bleiben; der Marmorblock muß weiter bearbeitet werden; der Goldklumpen wird nicht umgetauscht; nichts von dem darf aufgegeben werden, was wir als Erbteil von den Vätern haben. Wie aber, nach welchen Grundsätzen soll das nun fortgebildet werden? Ist es überhaupt überall möglich? Ist nicht vieles vollständig fertig? Etwas Fertiges läßt sich nicht mehr fortbilden; der Versuch einer Fortbildung würde nur eine Verunstaltung herbeiführen. Aber es ist eben nicht alles, ja schließlich nichts fertig in der Welt, in keinem Gebiet, zumal des menschlichen Lebens, aber auch nicht der ganzen Schöpfung. Es gilt nun die rechten Grundsätze der Fortbildung erkennen, anwenden, festhalten.

Wir stellen zwischen das Wort Fortschritt und Fortbildung das Wort Fortentwicklung, weil nur durch diese eine Fortbildung geht und mit beiden ein wirklicher Fortschritt erzielt wird. Der wahre Fortschritt, Fortentwicklung und Fortbildung, ist wie die Entfaltung einer Pflanze, wie das Aufgehen einer Blume aus dem Kelch. Die duftigen und farbenprächtigen Blütenblätter waren, obwohl weder Duft noch Farbe wahrnehmbar, doch schon in dem Kelch und dieser samt Zweig, Stengel und Wurzel in dem Samenkorn, wie der vollendete Mann in dem Kind.

Ein Irrtum muß hier zur Sprache kommen und abgewiesen werden, als könne eine Fortbildung erfolgen durch Zusammenfügung von irgendwelchen ungleichartigen Dingen. Schon die Natur deutet darauf hin. Es ist Fortbildung eines Baumes, wenn derselbe durch Propfreis oder Okulation ꝛc. veredelt wird. Aber stets wird ein Baum (oder Strauch) nur ein Propfreis von einem Baum derselben Gattung, wenn auch edlerer Art aufnehmen. Nie wird man einen Zweig vom Apfelbaum auf ein Birnenstämmchen pfropfen können; es wächst wohl an, trägt aber nie Frucht und verkümmert bald. So ist es mit der Rassenverwandlung der Bastarde vom Stieglitz und Kanarienvogel, Pferd und Esel; sie bleiben unfruchtbar. Aber nicht bloß im physischen Gebiet gilt das, auch im höheren, geistigen Leben, wie z. B. in der Kunst. Es war keine Fortbildung, Fortentwicklung ꝛc., wenn man an gothische Dome Anbauten im Stil der Renaissance oder gar im Zopfstil machte. So auch nicht im politischen Leben, in der Gestaltung des Staates, wenn man von der

Eigenart eines Volksstammes völlig abgehend, Staatsformen einführt oder den ursprünglichen einpfropft, die aus einer anderen Nationalität erwachsen sind. In einem Volk, welches, wie das deutsche, **monarchischen** Grundcharakter hat, wird eine gesunde Fortentwicklung und Fortbildung nur dann zu erwarten sein, wenn dieser Grundcharakter auf allen Stufen, in allen einzelnen Teilen seines Organismus zur Geltung kommt oder mindestens nicht **ganz verdrängt wird.** Es mag ja unter Umständen nicht anders gehen, als daß man **demokratische** Formen und Ordnungen mit monarchischen zu vereinigen sucht, wie es im **Konstitutionalismus** geschieht — **republikanische** Ordnungen sind nicht jedesmal und notwendig **demokratische,** sie können sehr starke monarchische Elemente haben, wie in den **aristokratischen** Republiken des **Altertums** und **Mittelalters,** — die Vereinigung des Demokratischen mit dem Monarchischen im konstitutionellen Staat oder auch im Imperatorenstaat, wie bei Napoleon III., dem Alleinherrscher mit den stets im Munde geführten „großen Grundsätzen von 1789", hat in der That noch keinen Staat zur Ruhe und ruhigen Entwicklung kommen lassen und den Kampf der entgegengesetzten Elemente fast zum Hauptinhalte des politischen Lebens gemacht; Regierungen stürzen, selbst regieren um auch gestürzt zu werden, das ist der Verlauf des politischen Lebens in so vielen modernen Staaten. Der Grundzug des Volkstums in allen Stufen und Einzelordnungen zur Entfaltung und Wirksamkeit gebracht, ist wahre Fortentwicklung, Fortbildung, Fortschritt. In jedem gesunden Gemeinschaftsleben ist es wie im Organismus der edelsten Erzeugnisse in der **Pflanzenwelt,** wo in jedem Einzelteil das Ganze sich wiederfindet, auch in den edelsten Produkten der **anorganischen** Natur, in den Kryftallen, in denen, wenn ein Kryftall zerschlagen wird, in jedem einzelnen Stück die Grundform des Ganzen wieder zum Vorschein kommt. Grundform des menschlichen Gemeinschaftslebens ist die **Familie;** sie ist monarchischen Charakters; kommt diese in allen weiten Verbänden, Gemeinden und Staat zur Geltung, so ist ein gesunder Bestand zu erwarten, selbstverständlich nicht ohne den Sauerteig religiös-sittlicher Kräfte. Man hat wohl in weiten Kreisen ein Grauen vor solchen Theorieen, man sieht in ihr die Tyrannei, den Despotismus zum Grundsatz erhoben, das edle Gut der Freiheit verraten und preisgegeben; als ob Familienordnung, Familiensinn Knechtschaft, väterlich Regiment Despotie wäre. Fortschritt, Fortbildung 2c. sind aber sehr wohl möglich, und werden wesentlich darin bestehen, daß das, was in der Familie das Schönste, das Ideale, das Beglückende: väterliche Gesinnung und Fürsorge, liebende Hingabe bis zur Selbstopferung oben, und Pietät, auch bis zum Selbstopfer, unten, wie im alten Germanentum mit seiner „Mannentreue", zu stetem Wachstum und zur vollsten Bethätigung kommen. Thatsächlich haben die Freiheitsbestrebungen, welche in Beseitigung des Monarchischen in vermeintlicher Gleichstellung aller bestanden, noch je und je mit der Ochlokratie, der Herrschaft des Haufens, geendet, welche die äußerste Tyrannei bedeutet, und ihr Ende findet in dem, was man in alter Zeit Cäsarentum, Prätorianertum, in der Neuzeit Säbelregiment nennt. Ist ein Volk von seiner Eigenart in seinem Gemeinschaftsleben weit abgekommen, so ist Rückkehr zu derselben der beste, heilsamste Fortschritt.

Kein Fortschritt, weil keine Fortentwicklung und Fortbildung, ist es, wenn einem Volk von Eigenart die Kultur eines oder gar etlicher fremder Völker anderer Art aufoktroyiert wird, wie bei den Russen tartarischen Ursprungs, die westeuropäische Kultur unter Peter dem Großen, woraus nur ein gefirnißtes Barbarentum geworden ist, bei dem das Barbarentum seine Wildheit beibehalten aber seine Naturkraft eingebüßt hat, und wo die Rückkehr zur nationalen Eigenart schließlich nur noch im Umtausch des modernen Gewandes, der Helme gegen Schaffellmützen, der knappen Uniformen gegen Pumphosen und Kaftan besteht, wie in Vergewaltigung aller selbständigen Organismen anderer Art.

Ein Zerrbild von Fortschritt hat die Neuzeit gebracht in der sog. Internationale, sei es der schwarzen oder der rothen, oder der goldenen, der äußersten Entartung dessen, das man in idealeren Zeiten Kosmopolitismus oder Weltbürgertum nannte. Es war ja ein unendlich großer, herrlicher Fortschritt, als den Völkern der alten Welt in ihrem engen Nationalitätsbewußtsein, in welchem sie sich in Haß oder Verachtung von anderen Völkern absonderten, die Idee der Menschheit, des allgemein Menschlichen und gar einer großen Menschheitsfamilie aufging, wie der Apostel Paulus, Christi welterlösendes und weltbeglückendes Werk verkündigend, sie auf dem Areopag zu Athen proklamiert, gleichzeitig aber das göttliche Recht der Nationalitäten und ihre Aufgaben wahrend (Apg. 17, 26 ff.). Die Idee der

Menschheit aber haben die letzten Ausläufer des Humanismus von ihrer Aufgabe, „den Herrn zu suchen, ob sie Ihn finden möchten", getrennt und nicht minder des Rechtes und der Aufgabe der Nationalität vergessen und mit Proklamierung des höchsten Zieles, der Erde Besitz in unbegrenztem Maß an sich zu raffen und ihre Lust in vollsten Zügen zu genießen, die vaterlandslose Internationale der Roten und Goldenen, der Geldprotzen und Socialdemokraten geschaffen, während die schwarze Internationale allerdings einen anderen Ursprung hat, mit ihrer Fortentwicklung aber auch dem Recht und der Fortentwicklung der Nationalität hemmend, störend und zerstörend in den Weg tritt.

Ist der wahre Fortschritt, bestehend in Fortentwicklung und Fortbildung einer Sache aus ihrer Eigenart zu vergleichen der Entfaltung einer Blume aus ihrer Knospe, dem Wachstum des Mannes aus dem Kind, so drängt sich uns eine Thatsache der Erfahrung auf, die unbedingt beobachtet werden muß. Nicht jedes Kind wird, was es versprochen, und manche Blüte verkrüppelt. Störungen können eintreten, ja sie kommen in alles Irdisch-Menschliche. Zur Fortbildung gehört Fernhaltung alles Störenden oder, wenn es eingetreten, Entfernung desselben. Nicht jede Rechnung ist richtig, in der alle Posten richtig addiert, alle Faktoren richtig multipliziert oder dividiert sind, wenn im Ansatz ein Fehler war. Darum müssen geistige Entwicklungen stets revidiert, auf ihre Richtigkeit bis in ihre Anfänge geprüft werden. Es sind auch die Prüfsteine, die Maßstäbe vorhanden, in weltlichen, zeitlichen Dingen, in vollendeten oder der Vollendung nahekommenden Leistungen, Schöpfungen 2c. in dem, was man klassisch nennt, — so wird die bildende Kunst der Plastik immer wieder zur sog. Antike, die Malerei zu den anerkannten Meistern vergangener Jahrhunderte christlicher Zeitrechnung zurückkehren, das eigene Werk und Streben daran prüfend. Im höchsten Lebensgebiet, im religiösen, kirchlichen ist's gegeben in der göttlichen Offenbarung und ihren ersten Schöpfungen. Darum hat die Kirche zu ihrer Selbsterneuerung stets zu ihren Anfängen in der apostolischen Zeit und in der kirchlichen Lehre zu ihrem Quell in der heiligen Schrift zurückzukehren. Der entschiedenste Fortschritt im Leben des einzelnen Menschen, so hoch das reife Mannesalter gestellt werden mag, besteht doch darin, daß der Mensch umkehrt und wird wie ein Kind! und unsere Kirche fordert für den Fortschritt des sittlichen Lebens ihrer Glieder den steten regressus ad Baptismum. So wenig man bei elementaren Erkenntnissen bleiben darf, so gewiß muß man immer und immer wieder zu den elementaren **Wahrheiten** zurückkehren, um zu sehen, ob die Entfaltung, der Fortgang den Anfängen entspricht. Damit aber stehen wir im entschiedensten Gegensatz zu dem größten Fortschritt, der je geschehen, gegen den wir den entschiedensten Protest erheben. Und wo ist der? Im Papsttum; wie die größte Stabilität in dem als größter Fortschritt sich anpreisenden Materialismus liegt. Nach Jahrtausenden ist dieser noch nicht über das hinausgekommen, was an den Thoren des Paradieses zur Schlange und ihrem Samen gesagt wurde: „**Auf deinem Bauch sollst du gehen und Erde essen dein Leben lang.**" Vom Papsttum aber hat man gesagt, es habe sich entwickelt auf Grund des Wortes: „**Ihr werdet sein wie Gott! wissend, was gut und böse ist!**" Wir können das so nicht nachsagen, aber, gedenkend, daß jene Rede in jedem natürlichen Menschen einen Widerhall gefunden, und auch in den frommen Menschen leicht sich wieder einschleicht, haben wir nicht das geringste Bedenken, zu sagen, in der **Institution des Papsttums** finden wir es in einem uns erschreckenden Maße.

In der römischen Kirche, die als das Nonplusultra der Stabilität gilt, ist fortwährender Fortschritt. Sie ist durchaus nicht bei dem Elementaren stehen geblieben, sondern hat alles konsequent weiter gebildet, nur mit Fehlern im Ansatz. Sie blieb nicht stehen bei der bloßen Pietät gegen die Mutter des Herrn, bei der bloßen Seligpreisung der Erwählten und Begnadigten, des Musters weiblicher Einfalt, von der sie selbst geredet, sie mußte die **Himmelskönigin** und die **Unbefleckte von der Empfängnis** an sein. Und das: „**Wer euch höret, höret mich**", mußte in lauter Konsequenz bis zur Unfehlbarkeit ausgebildet werden. Es waren zwei Posten nicht in den Ansatz aufgenommen worden, nämlich das Zeugnis der Schrift von der **Sündhaftigkeit aller Menschen** und infolge davon die Verdunkelung seiner Erkenntnis, die nur in dem vollendet Heiligen eine irrtumslose sein kann, sowie die Thatsache, daß jene Worte zu den ersterwählten Zeugen gesprochen waren, von denen der Herzenskündiger wußte, daß in ihnen nicht bloß der natürliche Mensch sei, der nichts vom Geiste Gottes vernimmt, sondern der neue Mensch, nach seinem

Bild, nach Gott geschaffen in rechtschaffener Gerechtigkeit und Heiligkeit, die Er besonders ausgerüstet und als den Grund gelegt, da Er selbst der Eckstein ist. Mit dem ersten Papst, der nicht ein **wiedergeborener Mensch** war, — und es ist unbestreitbare Thatsache, daß es ungläubige, gottlose, ja verbrecherische Päpste gegeben, mußte das Wort gelten: „Er vernimmt nichts vom Geiste Gottes", nichts von dem, der in der Schrift, aber auch nichts von dem, der in der Christenheit redet, wie sollte er unfehlbar sein und in Sachen, die das **ewige** Heil betreffen, entscheiden. Wo Petri **Glaube** stehen sollte, da setzt man Petri **Stuhl**, d. h. seine Machtvollkommenheit, hin. Einseitig nahm man aus der Schrift, was menschlicher Meinung gut dünkte, nahm in diese selbst ein Falsches auf, das man nicht nach der Schrift wieder ausschied oder verbesserte, sondern mit fortentwickelte, bis es, wie die „Aufsätze der Ältesten" bei den **Pharisäern**, die Wahrheit vielfach überwucherte und verkrüppeln ließ und diese dann in der Verkrüppelung wachsend, zu einer Gestalt werden mußte, die uns im Lichte des Evangeliums monströs erscheint, ja in deren Angesicht, zumal wenn sie dem reinen Evangelium sich gegnerisch, ja verfolgend gegenüberstellte und die Forderung der Prüfung nach der Offenbarungsurkunde verdammte, die Reformatoren Züge des **Antichrists** wahrzunehmen glaubten.

Wir vergessen in keiner Weise das Schriftprinzip unserer Kirche; aus der Schrift muß **alles** geschöpft, an ihr muß **alles geprüft und gemessen** werden, aber im persönlichen Glauben, im kräftigsten Interesse, zu finden, was der Sehnsucht nach dem ewigen Heil Genüge bietet, nicht in der Weise, wie es eine eiskalte Wissenschaft verlangt, welche die Schrift wie einen großen Petrefakten behandelt, an dem der naturforschende Verstand sein Spiel hat, derselbe liest, wie einer die Vedas, die Zend-Avesta, oder den Koran, oder griechische Mythologie liest, wie ein namhafter Theologe vor 40 Jahren als Losung ausgab, in einer voraussetzungslosen, um das Ergebnis unbekümmerten Forschung, die ein sehr seltsames Ding ist, die nach **Goethes** Wort, „nach Schätzen gräbt und froh ist, wenn sie Regenwürmer findet". Sie muß vielmehr eine sehr entschiedene Voraussetzung haben, die Voraussetzung eben der Heilsbedürftigkeit und das Vorhandensein einer dieser völlig befriedigenden Wahrheit. Sonst bleibt man an wer weiß was für Nebendingen hängen.

Unser Schriftprinzip ist nun aber noch lange nicht der abstrakte Biblicismus gewisser puritanischer Gemeinschaften, oder gar moderner Latitudinarier, die da sagen: „Lassen wir alle Dogmatik weg und brauchen wir in Predigt und Unterricht, in Lehrbüchern einfache Bibelworte, so bleibt das kirchliche Leben im Fluß, während es in der Dogmatik und überhaupt in allen kirchlichen Lehrbestimmungen sofort erstarrt." Diese klugen Leute haben von kirchlichen Lehrbestimmungen und ihrer Bedeutung ebenso wenig ein Verständnis, wie von ihrer Entstehung und Berechtigung ja von ihrer Notwendigkeit und am allerwenigsten schließlich von der Glaubensquelle und Norm, der Schrift selbst und ihrer Grundwahrheiten, dazu auch dem persönlichen, religiösen Leben mit seinem unabweisbaren Bedürfnis nicht bloß zu erkennen, sondern auch zu bekennen, anderen mitzuteilen, was uns selbst Friede gebracht.

Mehr als einmal hat man mit der Beseitigung kirchlicher Dogmen nicht weniger als eine Schriftwahrheit selbst beseitigen wollen. Es ist ja richtig, was unsere Kirche betont: Die Schrift ist an sich selbst und durch sich selbst klar, und wenn ihre römisch-katholischen Gegner behaupten: „Jeder liest aus der Schrift heraus, was er will, und auf die Schrift berufen sich alle Irrlehrer," so wird das evangelische Schriftprinzip davon in keiner Weise betroffen. Denn die Schrift ist klar dem „einfältigen Auge", aber nicht dem Auge, das „ein Schalk" ist, und wer mit Heilsbegierde die Schrift gelesen, hat noch immer das Rechte gefunden. Nun giebt's allerdings solche, die nicht bloß wie jene kühlen uninteressierten Forscher ohne Heilsbegierde, sondern in eitlen hochmütigen Gedanken die Schrift lesen, die eignen Fündlein in ihr zu suchen, oder sie in sie hineinzutragen, ja nicht wenige, der geradezu feindselige Gedanken mitbringen und sie nur lesen, um Widersprüche, sogar Unsittlichkeiten in ihr zu entdecken und sie damit zu nichte zu machen. Dazu kommt, daß auch redliche Seelen, die ein reges Gewissen und tieferes religiöses Bedürfnis haben, denen aber der freie Blick von der Höhe herab fehlt, leicht an Einzelheiten hängen bleiben, an Dingen, die, obwohl in der Schrift alles göttlich ist, doch in gewissem Sinne Nebendinge genannt werden können, solange das Herz noch nicht zum Heilsglauben bekehrt ist, oder von denen man sagen darf: sie liegen in der Peripherie, nicht im Zentrum und hindern oder verzögern und erschweren das Erfassen dessen, das im Zentrum liegt, und das Eine ist, was not thut. Solche werden dann nicht selten Glieder oder auch Stifter von Sekten, in denen das christliche Leben verkümmert. Man denke nur an die unzähligen Sekten Amerikas, die sich ins Endlose gespalten und dabei oft um Fragen wie die: Darf in stehendem oder muß in fließendem Wasser getauft, muß dabei der Täufling dreimal untergetaucht werden, oder ist's genug an einem Mal? Ist der Sabbath am Samstag, oder am Sonntag zu feiern? Darf man Blutwurst essen (Apg. 15, 20) u. dgl. sich spalten, wobei wir noch bemerken wollen, daß uns nicht bekannt ist, ob die Verwerfung der Rockknöpfe und der Gebrauch der Haften bei den Quäkern und Menoniten auch auf einen Schriftgrund d. h. auf ein ausdrückliches Wort der Schrift oder nur auf ihren Tadel des Kleiderprunks zurückgeführt wird. Das sind übrigens alles nur harmlose Kleinigkeiten (?); die Kirche weiß auch von entsetzlichen sittlichen Verirrungen, in die einzelne Sekten hineingeraten sind, die an Einzelheiten hängen geblieben.

Gegenüber dieser sektiererischen Engherzigkeit, diesem Sichverlieren in Nebendingen, ja schon gegenüber irrtümlicher Exegese aus philologischen Mängeln, wie gegen die kräftigen Irrtümer der römischen Kirche, vor allem aber gegenüber den steten Versuchen der Welt mit ihrer fleischlichen Weisheit in die Kirche einzubringen und in ihr zu herrschen, wie es die jüdische und griechisch-römische Welt ebenso wohl gethan hat als die moderne, zum Schutz der Gemeinde gegen Willkür ihrer Prediger, ist das Zeugnis der Kirche, sind Lehrbestimmungen nötig, die eben nichts anderes sein sollen, als ein klarer Ausdruck der recht verstandenen biblischen Heilswahrheit, ein Bekenntnis zu derselben als Wegweiser zu derselben für alle Glieder der Kirche, Anfänger wie Geförderte, Irrende, wie solche, die auf rechtem Weg sind, aber Anregung und Stärkung bedürfen. Solche Bekenntnisse sind recht eigentlich nicht Stillstand, sondern Fortschritt, Fortentwicklung und Fortbildung kirchlichen Glaubens und Lebens, wenn sie richtig sind. Dazu auch ist der heil. Geist der Kirche verheißen und gegeben. Das Kriterium aber ist: „Von dem Meinen wird er's nehmen" Jes. 16, 14, und sollte darum die Kirche jemals etwas lehren, wofür sie nicht ein klares Wort des Herrn oder seiner Apostel anführen kann, so ist sie auf dem Irrweg. Selbstverständlich darf sie auch nur aus dem Glauben zeugen; denn auch hier gilt und zwar ganz besonders: „Was nicht aus dem Glauben geht, das ist Sünde", und bloße Spiele des Scharfsinns,

Spekulationen, Verstandsoperationen und bloße logische Schlußfolgerungen haben kein Recht, werden auch niemals Bekenntnisse oder Lehrbildungen zustande bringen, die irgendwie wahrhaft kirchliche Gemeinschaften zustande bringen oder irgendwie ökumenisch werden könnten, ebenso wenig, wie solche die religiös erfüllte Phantasie zu schaffen vermag. Wer die Kirchengeschichte kennt, wird zugeben, daß die großen ökumenischen Bekenntnisse wie das der Reformationszeit allesamt aus einem lebendigen Glauben gekommen und durch und durch Zeugnisse sind und nichts weniger als dürre und verstandesmäßige oder phantastische Spekulationen enthalten; ja selbst von der so vielfach der dürren Scholastik beschuldigten Konkordienformel wird man, wenn man überhaupt im Glauben steht, bekennen müssen, daß sie unter Gebet aus reichem inneren Leben entstanden und eine lebendige, innige Glaubenswärme in sich trägt.

Wer aber kann und darf Lehrbestimmungen treffen, die elementaren Glaubenswahrheiten, das in der Schrift Offenbarte entwickeln, in seiner Fülle entfalten? Antwort: Die Kirche. Aber wer ist die? Sind es die Bischöfe? in der römischen Kirche der Papst? oder die Pastoren und die Synoden in der protestantischen? Sie sind es alle und sind es doch für sich allein wieder nicht. Denn zur Kirche gehören auch die vergangenen Geschlechter und die zukünftigen, die hier unten streiten und die droben triumphieren. Die zeugende Kirche ist die Gemeinschaft der Heiligen, die Gemeinschaft aller derer, in allen Zeitaltern, die im wahrhaftigen Glauben an den Herrn stehen, oder gestanden und den heiligen Geist empfangen haben, der in alle Wahrheit leitet. Lehrbestimmungen können nie durch Abstimmungen und zeitweilige Mehrheiten getroffen werden; so wenig wie jemals durch Abstimmung eine Kunstform, Kunstrichtung in der Plastik, Malerei, Bau- oder Dichtkunst durch Abstimmung und Mehrheitsbeschluß festgestellt worden ist, obwohl alle jene Künste zu Nutz und Freude für alle bestimmt sind, — ebenso wenig durch hierarchische Autoritäten; und wo es geschehen, da ist jedesmal die Ökumenizität (allgemeine Anerkennung) ausgeblieben. Es giebt eine Menge von Konzilienbeschlüssen der alten Zeit, sogar einstimmig gefaßt, die aus dem Bewußtsein der Christenheit verschwunden, ja niemals in dasselbe dauernd eingedrungen sind. So hat das Tridentinum auch nicht vermocht, allgemeine Anerkennung zu finden, so wenig wie die Beschlüsse der Dortrechter Synode, und mit dem neuesten Vaticanum steht's ebenso. Der Vorgang in der Kirche ist vielmehr derselbe wie in allen andern Gebieten des geistigen Lebens, die wir genannt, wo etwas Lebensfähiges zustande gekommen ist, nur daß in der Kirche der Bestand auf Jahrhunderte hinaus und bis dahin dauert, wo der Glaube zum Schauen gelangt, während in andern Lebensgebieten der Bestand ein vergänglicher ist. Besonders begabte, — in der Kirche also besonders erleuchtete und geführte, in ungewöhnlichen Erfahrungen vertiefte und mit ungewöhnlicher Geisteskraft ausgerüstete Persönlichkeiten, die eine Wahrheit tief erfaßt haben, oder von ihr sich haben erfassen lassen, in ihr leben und weben und „es nicht lassen können, daß sie nicht reden sollten von dem, das sie gesehen und gehört", sprechen sie aus, finden zunächst Widerspruch, vielleicht Spott, Hohn, tödliche Feindschaft, sogar selbst den Tod, — aber die Wahrheit stirbt nicht mit ihnen; sie bleibt, sie wächst, die Herzen fallen ihr zu, bezwungen von ihrer inneren Gewalt, und was einst verlästert, verhöhnt und verfolgt wurde, steht auf einmal als ausgemacht und unbestreitbar fest. So geht es auf dem Gebiet des **Staates**, — man denke an den einst wie **Hochverrat** verfolgten Gedanken der **deutschen Einheit**, des Volkslebens, der Sitte, der Kunst und Wissenschaft; — den **französischen Ungeschmack**, die Unnatur jener Litteraturperiode konnten die Mehrheit nicht beseitigen und eines großen Königs Gunst nicht in Herrschaft erhalten, — so auch in ihrer Eigenart in der Kirche, und dawider vermag auch keine Gewalt der Erde etwas zu thun. Man denke nur an die **arianischen und athanasianischen** Kämpfe im vierten Jahrhundert. Politische Gunst und Macht war oft auf Seiten der Arianer, und gegen ihre Gegner, die Athanasianer, ward die entschiedenste Gewalt angewendet; sie mußten in die Verbannung gehen; dennoch verschwand der Arianismus. Kein Mensch zwang die freien, mächtigen Gothen, dem Arianismus zu entsagen und sich zum Athanasium zu bekennen; die Wahrheit selbst bezwang sie und nur sie allein. Die Weltgeschichte ist auch hier das Weltgericht, das Gott der Herr vollzieht. „Ist's nicht aus Gott, so wird es untergehen," dies gilt auch hier; und die armselige Verkümmerung bionitischer, antitrinitarischer und andrer ähnlicher Gemeinschaften, bis auf die **Deutschkatholiken** und **Uhliganer** der Neuzeit, sagt so viel, daß sich nicht begreifen läßt, wie man immer noch die Rückkehr zu ihren Anschauungen und Grundsätzen als einen großen Fortschritt der Kirche bezeichnen kann. Man wird nicht bestreiten können, daß damals als ein Ronge seine Triumphzüge durch Deutschland hielt, der Durchschnittsstand des religiösen Lebens in der großen gebildeten und ungebildeten Menge ganz derselbe war, den er vertrat, sogar in der Geistlichkeit. Zu kämpfen hatte diese Richtung nicht; man that ihren Vertretern nicht einmal den Gefallen, sie zu verfolgen, um sie interessant zu machen. Sie durften sich versammeln, zu Gemeinden konstituieren; man räumte ihnen protestantische Kirchen ein, führte sie mit großer Förmlichkeit ein, — wie in Darmstadt, wo man sie einem kleinen Häuflein sog. pietistischer Kandidaten versagte, die man am liebsten ausgestoßen hätte, und da solches nicht ging, sie in den Winkel drückte, — sie konnten ein allgemeines Konzil in Leipzig halten, das ein Glaubensbekenntnis aufstellte, das dem der großen Mehrheit damals zur Zeit vollständig ent= und in keinem Punkte widersprach, — es hing in der Darmstädter Stadtkapelle und hätte von dem alten Konsistorialrat, der da predigte, gerade so gut verfaßt sein können, als von Johannes Ronge; — wer ist ihm zugefallen? Ein paar Menschen, und die Gemeinde ist über einen jämmerlichen Bestand nicht hinausgekommen, nirgends in ganz Deutschland. Was aber — und diese Thatsache aus einem kleinen Winkel des deutschen Vaterlandes sei anzuführen erlaubt als eine, die ein großes Gebiet und eine große Thatsache, ein großes Entwicklungsgesetz beleuchtet und bestätigt, — was damals jenes kleine Häuflein gering geachteter, meist gemaßregelter „pietistischer", d. h. im alten Glaubensbekenntnis der Kirche stehender Kandidaten — auch ein Wichern war damals ein einfacher Kandidat — unter Widerstand von oben, unter Spott und Hohn von allen Seiten betrieb, was man jetzt mit dem Namen der innern und äußern Mission bezeichnet, ist eine Sache der ganzen evangelischen Kirche geworden und als ein ungewöhnliches Lebenszeichen, eine gewaltige Kraftentfaltung, als ein entschiedener Fortschritt des kirchlichen Lebens, eine Fortentwicklung und Fortbildung auch ihres ganzen Organismus allgemein anerkannt. Eine Herzen bezwingende oder gar Leben schaffende Gewalt wohnt jenen blassen Gedanken nicht inne, wenn sie auch von Millionen und Abermillionen als Inhalt ihres „fortgeschrittenen und geläuterten" religiösen Glaubens und Lebens bezeichnet werden, und wenn, wie es ja immer noch möglich und bei der Haltung staatlicher Gewalthaber und ihrer

Stellung zur evang. Kirche sogar nicht unwahrscheinlich ist, die seitherigen kirchlichen Bestände zerfielen, und aus ihren Trümmern, als großen Werkstücken, eine große Rationalistenkirche konstruiert würde, die mit allen nur denkbaren Rechten und Vorrechten, mit Geld und Gut und selbst mit dem großen Titel einer deutschen Nationalkirche ausgestattet würde, der vermeintlich große Fortschritt, die Fortbildung der Partikularkirche zur Nationalkirche vollzogen wäre, — die wirkliche Fortentwicklung und Fortbildung des religiösen Lebens unsers Volkes würde doch in den kleinen Teilchen, wenn man will, Splitterchen ruhen, die, den alten Glauben zu erhalten, sich absondern würden in Konventikeln oder Separationen. Die große Nationalkirche mit einer kalten, trägen Masse würde in leeren Kirchen eine klägliche Rolle spielen. Im verkümmertsten „Pietistenwinkel", der in der Kontinuität des alten Glaubens, mit seiner Wurzel noch zusammenhängend bliebe, würde mehr Energie des religiösen Lebens sich zeigen, als in der großen Zeitgeistkirche, und was sie etwa noch hätte an religiösem Gehalt, würde eine Fortbildung wahrhaftig nicht zu erwarten, sondern ein Schicksal haben, wie der Reichtum bei „Hans im Glück".

Im Glauben sind die Bekenntnisse, sind die Lehrbestimmungen entstanden; im Glauben allein können sie fortgebildet werden; philologische und historische Kritik reicht dazu nicht aus und ebenso wenig philosophische Spekulation. Wer sie fortbilden, oder vielmehr an ihrer Fortbildung mitarbeiten will, muß in ihnen stehen, nicht außer ihnen. Nur der Heilige Geist kann in alle Wahrheit leiten. Er wird aber nur den Gläubigen zu teil.

Es hat einmal ein deutscher Theologe, der sel. Professor Hundeshagen (Bern, Heidelberg, Bonn), in seinem Buch „der deutsche Protestantismus, seine Vergangenheit und seine heutigen Lebensfragen" die Bekenntnisse der Kirche mit jenen „erhabenen, gewaltigen Gebirgsmassen verglichen, zu deren Entstehung und Bildung einst jene großen Urfeuer nötig und thätig gewesen sind, die an der Gestaltung unserer ganzen Erde so wesentlichen Anteil haben." In der That, es steht mancher diesen Bekenntnissen gegenüber wie toten Massen, und weiß nur von Erstarrung zu reden. Mancher kommt dann nun mit dem spindeldünnen Meißel seines Verstandes, um hie und da ein Stückchen herauszuarbeiten, das er dann noch als Bausteinchen für eine neue Zeitgeistkirche verwenden, oder auch zu einem Bildchen, einer Dekorationsarbeit für dieselbe, etwa in ihren Gottesdiensten, Liturgieen ꝛc. verarbeiten möchte; ein Anderer versucht, einem eingesprengten Edel-Kryftall, einer ihrer Kernlehren, wie etwa der von der heiligen Dreieinigkeit, ein andere Form und Fassung zu geben, wie ja in der That selbst ein so trefflicher Theologe wie der selige Rothe aussprach, die kirchliche Trinitätslehre bedürfe wohl einer Revision, in der Meinung, in anderer Form und Fassung und etwas mehr geschliffen, würde eine solche Lehre wieder massenhafte Bekenner gewinnen, — allein es ist vergebliches Beginnen. Diese Massen, wenn etwa wirklich ihre Form einer Veränderung (Verbesserung) bedürftig und fähig wäre, lassen sich nicht bearbeiten, bevor sie nicht wieder in Fluß gebracht sind. Sie aber in Fluß zu bringen, dazu bedarf es desselben Feuers, das sie einst gebildet. An diesem aber, jener Glaubenstiefe und Glaubenskraft, fehlt es unserer Zeit, und darum haben wir jetzt keinen Beruf zu neuer Bekenntnisbildung und haben auf diesen „Fortschritt", wenn es einer wäre, zuvörderst zu verzichten, wie das mehr und mehr auch von Liberalen anerkannt wird. Und es liegt ein gutes Teil Wahrheit und Recht in dem Grundsatz der Altlutheraner, einfach streng und fest bei den historischen Bekenntnissen zu bleiben. Die sollten wir uns nur erst einmal recht innerlich und lebendig zum Geisteseigentum machen, uns recht tief in sie hineinleben, sie in Fluß bringen. Zur Weiterbildung muß erst der „Geist der ersten Zeugen" wieder aufwachen, die Glaubensstärke der Märtyrer, die Tiefe und Innigkeit Luthers, der christliche Scharfsinn und die heilige ruhige Klarheit eines Melanchthon. Am allerwenigsten sind die zur Fortbildung berufen, die sich am meisten dazu berufen fühlen, gewisse Herren vom Katheder, die es für unerläßlich zum akademischen Ruhm halten, irgend etwas Neues, eine neue Ansicht oder Behauptung aufzustellen, und am allerwenigsten die kühlen, kritischen Köpfe, welche, wie wir oben sagten, die Bibel lesen wie jedes andere Buch, ohne ein eignes Bedürfnis, darin etwas zu finden für das Heil der Seele und die angeblichen Ergebnisse ihrer kritischen Wissenschaft (über Authentie der biblischen Bücher u. dergl.) meinen popularisieren zu müssen, d. h. hineintragen in die Kreise, wo man ihnen nicht nachrechnen kann, wo einfach der letzte Rest der Ehrfurcht vor dem Heiligen zerstört und schließlich im Dünkel, zu den denkenden, selbst prüfenden Menschen zu gehören, jene angeblichen wissenschaftlichen

Ergebnisse nachgebetet werden in einem „Köhlerglauben", der so blind ist, wie er jemals in den dunkelsten Zeiten gewesen ist.

Haben wir nun auch keinen Luther und Melanchthon, keinen Athanasius und Augustinus keinen Johann Arndt, Johann Gerhardt und ähnliche Leute, ist's nicht die Zeit, neue Bekenntnisse aufzustellen, so ist unsere Kirche doch nicht ganz vom Geist jener Männer verlassen, und Vorarbeit zur Fortentwicklung und Fortbildung in diesem Centralgebiet des Kulturlebens wird in Menge gethan. Die Arbeit geht langsam, und bis ein sicheres Ergebnis erlangt ist, gehen unter Umständen Jahrhunderte hin.

Daß aber das kirchliche, oder, wollen wir lieber sagen, religiöse Leben Centralgebiet, Mittelpunkt, Quellpunkt, Herzpunkt des gesamten Kulturlebens ist, behaupten wir ohne die geringste Einschränkung. Keine Geschichtsforschung oder Geschichtsschreibung, die den Wahrheitssinn nicht vollständig verloren hat, wird es in Abrede stellen, daß unbedingt bei allen Kulturvölkern des Altertums die gesamte nationale Kulturentwicklung im allerengsten Zusammenhang mit dem religiösen Leben gestanden, von ihm getragen worden ist. Die Griechen hätten weder ihre herrliche Dichtung, hätten keinen Homer, keine Ilias, keine Odyssee, keinen Aeschylos, noch Sophokles, noch Euripides, mit ihren unvergleichlichen Tragödien, und ebenso wenig ihre sieben Weisen, ihren Sokrates, Plato, Pythagoras, Aristoteles, oder ihre Geschichtsschreiber Herodot, Plutarch, Thukydides ohne ihre Religion. Da ist doch gerade in ihren herrlichsten Dichterwerken, wie sie uns jetzt vorliegen, auch nicht eine Seite, auf der nicht etwas von ihrer Götterwelt, sagen wir: ihrer Gottheit und deren Hereinwirken in die Menschenwelt, oder sonst irgend einer religiös-sittlichen Angelegenheit die Rede ist; insonderheit nicht bloß in ihren Philosophieen, sondern auch in ihren Tragödien werden religiös-sittliche Probleme verhandelt, so daß, wenn man das Religiöse aus jenen Geisteswerken herausnehmen wollte, nichts übrig bliebe als tote leere Schale und Hülse; und wer wollte es bestreiten, daß ihre Architektur, ihre Plastik, ihre Bildhauerkunst im religiösen Leben ihre Antriebe, ihre Gegenstände, ihre Schulung erhalten haben, daß weder ein Parthenon, noch eine Akropolis denkbar wäre ohne ihre Götterwelt? Das ganze Kriegs- und Friedensleben der Griechen wie der Römer ist von der Religion durchzogen, kein Kriegszug ohne Opfer und Gebet, und weder die

Gesetzgebung Solons noch die Lykurgs ist ohne religiöse Motive. Die altindische oder persische oder auch egyptische Kultur vom religiösen Leben trennen zu wollen, wäre ebenso große Thorheit wie die, den Zusammenhang des Zerfalls dieser Völker mit ihrem religiösen Zerfall zu leugnen. Die Kulturentwicklung der germanischen Völker nach allen Richtungen ist mit deren kirchlichem Leben verwachsen und wird es auch fernerhin so sein, so wenig nicht im kirchlichen Glauben stehende Leute es zugeben oder nur verstehen werden, wie unsere fernere Kulturentwicklung in Abhängigkeit und innerem Zusammenhang stehen sollte mit der Ausbildung gewisser Dogmen, mit der Fortentwicklung und Fortbildung gewisser kirchlicher Lehren, die sie wohl nur für eine Privatsache theologischer Zünftler ansehen, für die Interesse zu haben, man auch nur von solchen erwartet, oder solchen zugemutet werden können.

Daß wir aber in kirchlicher Fortbildung begriffen sind, bezeugen nicht etwa bloß die Dinge, über die man sich unbedingt zu freuen pflegt, die reichen und mannigfaltigen Thätigkeiten der christlichen Liebe, die nicht etwa bloß das leibliche, sondern vorzugsweise das geistige Elend des Volkes zu lindern und zu beseitigen sucht und die immer mehr organisiert der Kirche selbst sich eingliedert und ihr eine Stellung im Volksleben gegeben hat, daß auch der grundsätzlich fast religionslose Staat zur Lösung der großen socialen Notstände sie nicht mehr entbehren kann, — wir erinnern an eine Anordnung von hoher staatlicher Stelle aus der letzten Zeit, nach welcher Lehrkurse der inneren Mission gehalten werden sollen, an welchen vornehmlich auch junge Regierungsbeamte und Richter Teil nehmen sollen, an die Zuhilfenahme der Mission in den deutschen Kolonieen, die blühende Thätigkeit der Heidenmission, wie sie die Christenheit überhaupt noch nie gehabt, lauter Entfaltung dessen das in den Grundgeboten und Grundkräften des Evangeliums der Gottes- und Nächstenliebe um Christi willen, — sondern selbst das, worüber man sich zu betrüben und zu klagen pflegt, die kirchlichen Kämpfe, in denen wir stehen, und zwar nicht etwa gegen Un- und Halbglauben, gegen den die einfachsten Grundwahrheiten zu verteidigen sind, sondern die Kämpfe unter den kirchlich Gläubigen selbst, auch im Gebiet der Lehre. Sie haben ja allerdings etwas Betrübendes, Niederschlagendes, und hört man nicht selten die Mahnung, man solle doch das lassen und gemeinsam gegen die offenbaren Feinde stehen. Aber wir sollten denken, jenen gemeinsamen Kampf könne man doch führen und führe ihn ja auch, wie ja in der That die Wissenschaft der christlichen Apologetik kaum jemals so reichliche und gründliche Arbeit geliefert hat. Bezüglich jener Kämpfe unter den Gläubigen selbst mag es uns zum Trost und zur Freude dienen, daß doch darin ein lebendiges Interesse für noch etwas mehr als die bloß elementare Wahrheit an den Tag tritt, daß man in der That nach der Fülle der Wahrheiten und deren Klarstellung ringt. Die ersten Jahrhunderte haben noch viel heißere Kämpfe innerhalb der Kirche gesehen, eine viel gewaltigere Anspannung der Geister, eine viel mächtigere Erregung derselben bis in den innersten Grund, ein viel mächtigeres Geistesringen, und — die Kämpfe waren nicht vergeblich, nicht ergebnislos; im Gegenteil, sie haben der Kirche in Bezug auf die großen Grund- und Hauptfragen einen sicheren Wahrheitsbesitz geschaffen, der nun unverlierbar ist. Damals betrafen die Kämpfe die Lehre von der heil. Dreieinigkeit, insbesondere den ersten und zweiten Glaubensartikel; die Kämpfe, in denen wir jetzt stehen, haben es fast allesamt mit dem dritten Artikel des christlichen Glaubens zu thun. In welcher Weise und wiefern das einen entschiedenen Fortschritt im kirchlichen Leben bildet, der aufs Gesamtkulturleben einwirken muß, wird sich leicht ergeben.

Positive Christen, Katholiken wie Protestanten, streiten ja wahrhaftig nicht mehr um die Gottheit Christi, seine beiden Naturen 2c., wohl aber streiten gläubige Christen derselben Kirche, der lutherischen wie der reformierten, über das, was dem dritten Glaubensartikel angehört, die Lehre von der Kirche, der sichtbaren und unsichtbaren, ihre rechte Ausgestaltung als einer Grundveste der Wahrheit, über ihre Mitgliedschaft, ihres Amtes Ursprung, Aufgabe und Vollmacht. Wiefern das mit der Gesamtentwicklung unseres Volkslebens und der menschheitlichen Kultur zusammenhängt, auf sie Einfluß haben muß, wird man schon an dem einen Punkte ersehen, daß die römische Kirche bekanntlich nicht bloß alle politische und sociale Notstände der Gegenwart von der Nichtanerkennung ihrer Hierarchie herleitet und bestimmt behauptet, nur die Rückkehr unter ihre Botmäßigkeit, der unbedingte Gehorsam gegen ihre Priester, ihre Bischöfe und vorab der Papst, könne das kranke Geschlecht heilen, ihm zu einer gesegneten Entwicklung und wirklichen, immer reicheren Kultur verhelfen. Im Bereich des dritten Glaubensartikels liegt aber weiter die Lehre von den letzten Dingen, vom Zustand der Seele nach dem Tod, dem ersten Gericht, von der Auferstehung der Toten, der Wiederkunft Christi, dem Endgericht und der Vollendung seines Reiches, womit das Endziel aller Kulturentwicklung uns vor Augen gestellt ist, auf das jede wirkliche Kulturentwicklung, jeder wirkliche Fortschritt hingerichtet sein muß, wonach auch alles geprüft und gebessert werden muß, was sich als Fortschritt ausgiebt, während das Gedenken an Tod und Gericht dem Volksgemüt und Volksgewissen erst den rechten Ernst giebt, der ihm vielfältig geschwunden, darum das Volksleben im unsittlichsten Materialismus sich verlor. Nun sind aber kaum jemals alle jene Fragen um die letzten Dinge so vielfacher und gründlicher Untersuchung unterzogen worden, als gerade in der neusten Zeit; kaum irgend ein Zweig der neuen theologischen Litteratur hat eine solche Fülle fleißiger und gründlicher Arbeiten aufzuweisen, wie dieser, während gleichzeitig der nach Millionen Anhängern zählende Spiritismus mit seiner anwachsenden Litteratur in Zeitschriften, Brochuren und dicken Büchern von gelehrten Professoren geschrieben, wohl eine traurige Verirrung, gleichwohl ein Zeichen ist von einer mächtigen Strömung, welche die so lange aufs Diesseits gerichtete Masse mindestens aufs Jenseits hinweist und die Ewigkeitsfragen in ihr lebendig anregt. Daneben bildet dann auch wohl einmal das sog. Millenium einen Gegenstand des geistigen Kampfes, dessen Kern die Frage, ob eine Zeit voller Herrschaft Christi, christlicher Grundsätze, die alle Lebensverhältnisse durchdringen und gestalten, noch bevorstehe, vielleicht nahe bevorstehe, oder ob sie bereits hinter uns liege in der Zeit der unbestrittenen Gültigkeit christlicher Weltanschauung als Grundlage des nationalen, staatlichen, socialen Lebens in den tausend Jahren von Karl dem Großen bis zur französischen Revolution. Eine solche Frage kommt offenbar nicht aus einem bloß wissenschaftlichen, einem philosophischen Interesse; der Streit um sie ist nicht, wie wohl zu Zeiten andre Fragen, ein Spiel des scharfsinnigen Verstandes, sie kommt aus einem vorwiegend praktischen Interesse, aus dem Verlangen nach Ausgestaltung des Völkerlebens, nach christlichen Grundsätzen mit christlichen Lebenskräften. Und das ist wahrhaftig ein Fortschritt. Daß man aber noch so eifrig darum streitet, beweist, daß diese Fragen noch nicht in dem Maß ins Reine gestellt sind, wie die Fragen der beiden ersten Glaubensartikel und berechtigt zu der Hoffnung, daß die Arbeiten und Kämpfe mit einem wertvollen Ergebnis abschließen werden. Und das Ergebnis wird seinen Einfluß geltend machen auf die gesamte Kulturentwicklung der Menschheit. Das Wort: „der Papst regiert die Welt", enthält eine Anmaßung. Es wäre keine Anmaßung, wenn der Papst unbedingt die Fülle der christlichen Erkenntnis, des christlichen Glaubens, des christlichen Lebens in sich trüge. Solche aber ist nicht einem einzelnen sündigen Menschen verheißen, sondern der gesamten Christenheit, der Kirche in „mancherlei Gaben in Einem Geist" (1 Kor. 12, 4 ff.), und es ist keine Anmaßung, sondern vollste Wahrheit, wenn wir sagen: die Christenheit, die im Glauben und der Erkenntnis der Wahrheit stehende, vom Geiste Gottes erfüllte und geleitete, regiert die Welt, und ihre klare Erkenntnis wie ihr klares Bekenntnis bildet das Gesetz und stellt ihr das Ziel ihrer Entwicklung; — die außer ihr Stehenden mögen's für unnützen Dogmenkram halten und nicht begreifen können, wie man sich über solche unpraktische Dinge auch nur im geringsten ereifern kann.

Die kirchlichen Kämpfe der Gegenwart aber zeigen auch klar, was in der kirchlichen Lehre der Fortentwicklung und Fortbildung noch bedürftig und fähig ist. Wohl unbedingt wird man die oben einmal erwähnte Forderung neuerer Theologen abweisen, die Dreieinigkeitslehre nach dem Nicäum und Athanasianum aufzugeben oder eine neue Fassung für dieselbe zu suchen; nicht minder den Versuch anderer, die Christenheit bezüglich ihres Glaubens an die Person Christi als des Gottmenschen zu einem oberflächlichen und längst überwundenen Sabellianismus zurückzuführen. Denn diese Wahrheiten stehen fest und klar nach ihrem Inhalt wie nach ihrer kirchlichen Fassung und Form, und mag dieselbe auch mangelhaft sein, kein Mensch wird eine bessere finden, dieweil wir von ewigen Dingen in menschlicher Sprache nur stammeln können.

Ebenso entschieden wird man sich aussprechen müssen gegen einen Lieblingsgedanken vieler frommen Gemüter der Gegenwart bezüglich einer Fortentwicklung und Fortbildung des kirchlichen Lebens nach der Annahme von drei aufeinander folgenden Zeitaltern der Kirche, für welche die Apostel Petrus, Paulus und Johannes die Vorbilder und die Namen gaben, als einem Petrinischen, Paulinischen und Johanneischen

Zeitalter. Das erste wäre die Kirche des Mittelalters unter dem Papsttum als eine Gesetzeskirche, das zweite die Kirche der Reformation als die Kirche der Glaubensgerechtigkeit, die dritte die Kirche der Liebe. In letzterer, sagt man, ständen wir jetzt und hätten vorzugsweise das **praktische Christentum** der Liebe auszubilden, der Art, daß das, was den Charakter des Paulinischen und Petrinischen Christentums ausmache, weniger Bedeutung mehr habe. Diese ganze Auffassung stimmt nicht mit dem geschichtlichen Verlauf und beruht überdies auf einer falschen Auffassung der Persönlichkeiten der drei Apostel und der von ihnen vertretenen lebensmächtigen Wahrheiten. Besteht ja ein Unterschied zwischen den Aposteln und den von ihnen vertretenen Seiten des Christentums, so hat er sich von Anfang an durch die ganze Geschichte der Kirche hindurch geltend gemacht und macht sich, je nach Naturen, Temperamenten, Nationalitäten und sonstigen Umständen auch heute noch geltend. Zudem ist der Unterschied der Apostel auch gar nicht ein solcher, wie man gewöhnlich annimmt. Denn kein Apostel, auch St. Johannes nicht, hat schöner, gewaltiger und erhabener von der Liebe geredet als St. Paulus im neutestamentlichen **Hohenlied** der Liebe (1 Kor. 13), und keiner hat schärfer für die **Reinheit** des Glaubens und der Lehre und wider die **Irrlehren** geeifert wie St. Johannes, den man am Ende noch gar zum Patron moderner „Toleranz" machen möchte (vgl. besonders Ep. Joh. 1 und 2). Es wird ja wohl in jedem einzelnen Christen wie in jedem Zeitalter Petrus, Paulus und Johannes miteinander sein müssen, soll sein Christentum ein gesundes sein, und jedenfalls kann eine wahre volle **Liebe** niemals anderswoher als aus dem rechtfertigenden **Glauben** kommen.

Dagegen werden die entschiedenen Christen der Gegenwart in beiden protestantischen Kirchen bezüglich der Aufgabe des Fortschritts, der Fortentwicklung und der Fortbildung der kirchlichen Lehre wohl kaum bestreiten, daß viel Wahrheit in der Auffassung liegt, die der selige Vilmar in Marburg mit besonderer Vorliebe vertreten hat.

Nach dieser hat Gott der Herr in seinem Wort der Menschheit die ganze volle Wahrheit, alles was zu ihrer zeitlichen Wohlfahrt und ihrem ewigen Heil nötig ist, mitgeteilt, hat in ihm ihr das höchste Ziel, das sie erreichen soll und kraft dieses Wortes auch erreichen kann, wie den sichern Weg dazu bezeichnet. Es liegt in diesem Worte, in der Urkunde der Offenbarung, die christliche Wahrheit ebenso vollständig, wie in der Knospe die Rose, im neugebornen Menschen die Fülle aller Anlagen, Kräfte und Fähigkeiten alles dessen, was er einmal werden kann. Neue Anlagen können nicht nachträglich noch in ihn hineingebracht werden, während die vorhandenen wohl entwickelt werden können und sollen. (Auch das, was der Mensch in der Wiedergeburt empfängt, der neue Mensch, nach Gott geschaffen in rechtschaffener Gerechtigkeit und Heiligkeit, ist wesentlich Erneuerung des anerschaffenen göttlichen Ebenbildes, Wiederherstellung ursprünglicher Gemeinschaft mit Gott, in der der Zustrom der Kräfte der Ewigkeit wieder stattfindet.) Zu der ursprünglich geoffenbarten Wahrheit kann nun von Menschen nichts hinzugethan, darf aber auch nichts weggethan werden. Die Kirche, die Christenheit hat nur die Aufgabe, unter der Leitung des heil. Geistes die ewige Wahrheit in den einzelnen Wahrheiten zu erleben und nach ihrem Erlebnis zu bezeugen in ihren Bekenntnissen, denn das Bekennen wird in der Schrift ausdrücklich gefordert. Es ist niemals eine bloße objektive Darstellung, eine bloße Wiederholung des in der Schrift Gegebenen, sondern auch ein Bezeugen dessen, was die Schriftwahrheit, die ins eigne Bewußtsein übergegangen, in dem Menschen gewirkt hat und fort und fort wirken muß. Man sieht das wohl am deutlichsten in Luthers Katechismus in allen sechs Hauptstücken, zu allermeist in seiner Erklärung der drei Artikel des christlichen Glaubens. Die Wahrheit, die aus persönlichem Erlebnis bekannt wird, ist nun in der Regel mit besonderer Kraft von irgend einer einzelnen, besonders für sie begabten und zugerüsteten Seele zuerst erfaßt und innerlichst durcharbeitet worden, aber kaum jemals von einer einzelnen Seele ganz allein, viele sind von ihr ergriffen worden, — geistige Strömungen gehen ja oft durch große Mengen, durch ganze Zeitalter; nicht von allen in derselben Stärke, mit derselben Klarheit, bei vielen war's nur dunkle, aber starke Ahnung. Der einzelne, besonders Begabte, sprach's zuerst aus und nun ward's denen, die's nur dunkel geahnt, klar, die Ahnung ward Erkenntnis und damit war denn auch die Fassung, die der hervorragendste erste Zeuge der Sache gegeben, erprobt und als so zu sagen klassisch für immer festgestellt.

Selbstverständlich aber kann nicht Einem Geschlecht die Aufgabe gestellt sein, Alles zu erleben, zu ergründen, zu bekennen, zu bezeugen; die Arbeit geht durch die Jahrhunderte bis ans Ende. Aber Ein Geschlecht steht auf den Schultern des andern und übernimmt die Errungenschaft des vorausgegangenen und zwar nicht als einen toten Schatz, als eine geschichtliche Erinnerung, sondern zum vollen Gebrauch, zur vollen Anwendung auf das Leben, zum vollen Genuß. Die Wahrheiten, welche die frühern Geschlechter wohl schon besessen, die auch in ihnen unbewußt gewirkt, die aber jetzt in tiefem Erlebnis und vielleicht in heißem Kampf zu vollem Bewußtsein, zu klarer Erkenntnis gekommen, werden nun als solche klare Erkenntnis den nachfolgenden Geschlechtern dargeboten, um ihnen ebenfalls und zwar in rascherer und leichterer Weise zur vollen Erkenntnis des seither auch nur unbewußt Besessenen zu verhelfen und sie in das Erlebnis wieder anderer noch nicht klar erkannter Wahrheiten einzuführen, ihnen die Schlüssel zu bieten für vieles andere, das bis dahin auch noch Geheimnis war, — ähnlich wie man in weltlichen Wissenschaften, in **Mathematik, Sternkunde, Sprachwissenschaft** vom Elementaren zu immer reichern Kenntnissen, immer tieferen Forschungen und Lösung schwierigerer Aufgaben, von den vier **Species** bis zur **Differential- und Integralrechnung** ꝛc. fortschreitet. Ein Geschlecht der Kirche thut damit dem andern Handreichung, erleichtert ihm die Arbeit, und hilft ihm rascher voran, so daß es nicht stets wieder von vorn anzufangen braucht, sondern auf dem vorhandenen guten Unterbau weiter bauen kann, wobei selbstverständlich nie an ein so zu sagen gedankenloses Hinnehmen zu denken ist, sondern die goldne Regel vollständig zu ihrem Rechte kommt: „**Was du ererbt von deinen Vätern hast, erwirb es, um es zu besitzen**". Die Wahrheiten kirchlicher Bekenntnisse werden nicht nachgesprochen, sondern vor allem nacherlebt, dann nachbezeugt. Der ererbte Besitz klar erkannter Wahrheit behütet dann aber auch vor vielerlei falschen Auffassungen und Irrgängen. Nehmen wir zur Verdeutlichung ein Beispiel aus der Geschichte der Kirche.

Nach des Athanasius Zeiten konnte man die Heiden, welche sich von ihren toten Götzen zu dem lebendigen Gott bekehrten und fragten: Wer ist denn der wahrhaftige Gott in seinem Wesen? einfach auf das Nicänum und Athanasianum verweisen, und hatte sie damit der Gefahr überhoben, in die schiefen und falschen Anschauungen hinein zu geraten, welche die in den ersten Jahrhunderten bekehrten Heiden mit ihren polytheistischen Anschauungen gar oft und vielfach in den christlichen Glauben eingemischt hatten. Und der bekehrte Jude fand seine Scheu vor dem vermeintlichen Tritheismus des Christentums beschwichtigt und zugleich erkannte er nach den erwähnten ökumenischen Bekenntnissen klar, daß sein Gott, der Gott des alten Bundes, nicht, nach der vulgären Anschauung der Juden die abstrakte Monas, als Gott des neuen Bundes nur reicher und herrlicher das geoffenbart, was er im alten Bund nur hatte ahnen lassen.

Die Lehre von Gott (die Theologie) war nun den aus **Polytheismus** und **Deismus** kommenden Christen der ersten und nachfolgenden Jahrhunderte als klarer Wahrheitsbesitz zur Aneignung dargeboten; die Kämpfe des Athanasius und der sog. **nestorianischen** und **eutychianischen** 2c. Streitigkeiten brachten dann nach der Lehre von Gott auch die von der Person Christi (den zwei Naturen in Christo) zum Abschluß.

Das nachfolgende Zeitalter hatte die Anthropologie, die Lehre vom **Menschen**, zur Aufgabe, die Frage: wer wir sind und wie wir mit unserem Herrgott stehen? Die Lehre von dem sündlichen Verderben des Menschen wird da in der hervorragenden und von Gott dazu ganz besonders geführten Persönlichkeit des Kirchenvaters Augustinus in ihrer Tiefe erlebt und dargestellt.

Dann kommt die **Soteriologie**, die Heilslehre; die Frage: Wie wird der Mensch, der sündige, des von Gott in Christo dargebotenen Heils gewiß? Der mittelalterlichen Kirche war diese Aufgabe gestellt und sie hat an ihr gearbeitet mit aller Energie, wenn auch unter vielen Verirrungen. Doch selbst in diesen Verirrungen, in ihrer düstern Askese, wie in ihrem, den Leichtsinn fördernden Ablaß läßt sich die Frage erkennen: Wie werde ich meines Heils gewiß? Die wahre Antwort aber giebt endlich Luther aus Gottes Wort und eigenster innerster Erfahrung: **Allein durch den Glauben.** Er hat aber mit dieser Antwort den Zusammenhang mit der Kirche vor ihm nicht zerrissen, ist von ihrer festen Bahn, ihrem sichern Boden nicht geglitten ins unsichere Element der Spekulation, — fest steht er auf der Schrift, — hat den spröden Marmor nicht weggeworfen, sondern weiter bearbeitet, hat den Goldklumpen, den Erwerb ernster Arbeit, nicht verhandelt, sondern neuen Erwerb hinzugefügt, die Christenheit ist durch ihn nicht ärmer geworden, wie man wohl ihm vorwirft, weil er Falsches abgethan, sondern reicher. Luther hatte noch einmal mit vollster Kraft und Tiefe die Erfahrungen Augustins gemacht. Er hatte das tiefste und lebhafteste Sündengefühl, das je ein Mensch seit St. Paulus empfunden. Er hatte alles, was die mittelalterliche Kirche darbot, des Heils gewiß zu werden, versucht — (bis zur strengsten Klosteraskese) und erfahren, daß es nicht hilft, bis ihm mit St. Pauli Wort (Röm. 1, 17), der Gerechte wird seines Glaubens leben, die Schuppen von den Augen fielen und nach seinem kräftigen Zeugnis Unzähligen, die sich ähnlich im Kampfe abgemüht und die sich nicht sträubten, den seitherigen, scheinbar schwereren, in Wirklichkeit leichteren irrigen Weg zu verlassen. Es war ein entschiedener großer Fortschritt geschehen. Keine Wahrheit aber bleibt ohne Widerspruch, keine auch ohne Versuche zur Abschwächung, oder zur Übertreibung, keine ohne Gefahr, eben durch Abschwächung, durch Zumutung und Gewährung von Zugeständnissen an den Gegner und an den Zeitgeist, von sich selbst abzufallen. Keine kommt ohne Kampf zur Geltung. So hatte denn auch die von Luther erkannte Wahrheit ihre langen und schweren Kämpfe zu bestehen, und es wird kein tiefer blickender evangelischer Christ bestreiten, daß alle die sonst wohl beklagenswerten Streitigkeiten (die Flacianischen, synergistischen 2c.) zur Klar- und Feststellung der Wahrheit dienen mußten.

Die Lehre vom Heil im rechtfertigenden Glauben aber hat nun die Kirche durch die Reformation in klarer Erkenntnis und in festem und gewissem Besitz und auf vergeblichen Wegen zu Gott sich abzumühen, hat nun kein Christ mehr nötig. Aber es bleiben noch andre Fragen, die mit ihr in Verbindung stehen, die Frage nach den Mitteln, um zum rechtfertigenden Glauben zu gelangen und die Christenheit für denselben zu erziehen, also die Lehre von den Gnadenmitteln und der Gnadenanstalt, die Kirche, eben die Fragen, die jetzt erörtert werden, um die auch gekämpft wird. Wer gehört zur Kirche? Was ist das Wesen der **sichtbaren** und der **unsichtbaren** Kirche? welchen Ursprung, welche Stellung, welche Vollmacht hat das kirchliche Amt und die Gemeinde, insbesondere auf Grund des vielgenannten allgemeinen Priestertums? Das sind lauter Fragen, über welche, wenn auch in der Reformation schon die Anfänge richtiger Erkenntnis gelegt worden sind, doch die Kirche noch keine volle, wenigstens keine allgemein erkannte Klarheit hat. Wie könnte sonst so viel Streit über diese Fragen unter Brüdern sein, die doch sonst in den beiden ersten Glaubensartikeln, wie in der christlichen Anthropologie und Soteriologie so einig sind? Vielleicht aber läßt Gott der Herr gerade darum jetzt die großen Verirrungen nach rechts und nach links, die Kirche des unfehlbaren Papstes und die Pöbelkirche des Protestantenvereins zu, um an diesen uns die falschen Principien in ihren Konsequenzen zu zeigen und zur Erkenntnis der wahren Grundsätze uns zu führen, so daß an die Stelle angemaßter oder doch in Anspruch genommener falscher Autorität, die wahre treten und unser Volk erziehend helfen kann. Sicherlich aber werden alle Fragen in Bezug auf die Kirche und ihr Wesen, ihre Vollmacht und ihre rechte Gestaltung nicht einzeln, sondern nur in ihrem Zusammenhang gelöst werden, und in diesen Zusammenhang gehört auch die Lehre von den Sakramenten, zunächst von der heiligen Taufe. So ist z. B., was vielfach wenig beachtet, die regeneratio in Baptismo, die Wiedergeburt in der Taufe, als die Zugehörigkeit zur Kirche begründend und den Anfang des neuen Lebens der Erweckung, Erleuchtung, Bekehrung und Heiligung bildend, nicht bloß der Hauptstreitpunkt der lutherischen Kirche mit dem **Methodismus** und **Baptismus**, sondern auch der Hauptstreitpunkt in der **anglikanischen** Kirche, der ecclesia lutheranizans, der Streitpunkt zwischen ihren Hauptparteien, der **Hochkirchlichen** und **Niederkirchlichen**, der leider durch die romanisierenden Gelüste der vom alten Sauerteig der Hierarchie noch nicht gereinigten Hochkirchler in falsche Bahnen geraten ist. Weiß man, wie die Taufe die Grundlage christlicher Erziehung, Grundlage der christlichen **Schule** ist, allem Unterricht und aller Erziehung das rechte höchste Ziel bezeichnet, wie des Menschen Leib zu einem Tempel des heil. Geistes geweiht wird, wie das gesunde christliche Leben in einer stets wiederholten Rückkehr zum Taufbund (regressus ad baptismum) ein stetes „werden wie die Kinder" ist, wie dabei die rechte Einfalt bewahrt bleibt, wie alles excentrische, gewaltsame Wesen und Treiben, wie es neuerdings am meisten in dem Thun der sog. Heilsarmee hervortritt, und dem Christentum vielfach eine verzerrte Gestalt giebt, mit der nicht richtigen Auffassung und Würdigung der Taufe zusammenhängt, so wird man eine schwerwiegende Bedeutung der Lehre von der heil. Taufe für die gesamte Kulturentwicklung nicht in Abrede stellen können. Kein noch so fein ausgearbeitetes und durchdebattiertes Volksschul- und Unterrichtsgesetz wird das leisten, was eine richtige Erkenntnis der Lehre von der heil. Taufe wirken muß.

Nur wenige treue Glieder unserer Kirche werden auch wohl in Abrede stellen, daß die Kirche, obwohl sie das Sakrament des Altars rein und lauter schriftgemäß besitzt, doch in ihrer symbolischen Lehre noch nicht die ganze Fülle desselben klar dargelegt hat. Unverkennbar tritt darin die Versiegelung der Sündenvergebung, die man schon in der Absolution empfängt, gegen den Empfang Christi selbst als neuen Lebens, als Unterpfand der künftigen Auferstehung, als Nahrung des Auferstehungsleibes, zu einseitig hervor. Ja das letztere ist den Symbolen, wenn auch nicht fremd, doch fast verborgen, und obwohl es fast ein Gemeingut aller gläubigen evang. Christen geworden ist, hat es doch noch keinen bestimmten klaren Ausdruck bekommen. In der volleren und, wie wir wohl behaupten müssen, tieferen Auffassung der Sakramente, besonders des zweiten, in seiner geistleiblichen Wirkung kommt mehr und mehr das zur Geltung, was man biblischen Realismus nennt, der auch immer kräftiger sich in der Auffassung alles dessen entwickelt, was die Offenbarung vom künftigen, — ewigen — Leben, der Auferstehung des Fleisches, dem neuen Himmel, der neuen Erde, der Stadt Gottes, der verklärten Leiblichkeit sagt, in der Zustimmung zu dem Ausspruch: „Leiblichkeit ist das Ende der Wege Gottes"; und in diesem Heraustreten aus einem alles verflüchtigenden Spiritualismus, der sich aus neuen Philosophemen in der Zeit des herrschenden Rationalismus in die Kirche und ihre Theologie eingeschlichen hat, und Hineintreten in den frischen kräftigen Realismus hat sich ein entschiedener Fortschritt des kirchlichen Lebens vollzogen, mit dem ihre reichere und thatkräftige Arbeit an Beseitigung leiblichen, socialen Elendes wohl auch im Zusammenhang steht.

Ein Fortschritt auch ist es entschieden im kirchlichen Leben, daß wir, ohne die große Hauptaufgabe der Kirche zu vergessen: Das Heil der einzelnen Seele zu schaffen, doch auch die Bedeutung der Gemeinschaft, die Idee des Reiches Gottes lebendiger erfaßt haben, und solches so wenig wie die Seligkeit erst im künftigen, sondern in seinen Anfängen schon in diesem Leben suchen, eine Gestaltung auch der irdischen Verhältnisse nach christlichen Grundsätzen erstreben, und, ohne der staatlichen Ordnung ihre Selbständigkeit zu bestreiten, oder doch diese Ordnung nur etwa theoretisch als gottgewollt anerkennen, in der That aber ihr Gebiet nur als Welt ansehen, in dem uns nichts weiter obliegt, als „der Obrigkeit unterthan zu sein, die Gewalt über uns hat," eine Beteiligung am staatlichen Leben, an dem, was man Politik nennt, abzulehnen, wie das der ältere Pietismus that, dessen in dieser Hinsicht verkehrte enge Grundsätze in manchen deutschen Kirchengebieten und zwar gerade den lebensvollsten, — wie Württemberg — erst aufgegeben wurden, als der Staat anfing unsere Heiligtümer, wie Ehe, christliche Schule u. s. w., anzutasten. Es war entschieden ein Fortschritt, als die Stillen im Lande, die Konventikelleute, die Stündler, auch einmal an der Wahlurne erschienen, ihre Kandidaten für den Landtag und Reichstag aufstellten, um wider die planmäßige schon weit vorgeschrittene Entchristlichung unsers öffentlichen Lebens Widerstand zu leisten und im Gegenteil auf Wiederaufrichtung christlicher Ordnungen auch durch die staatliche Gesetzgebung hinzuarbeiten. „Nehmt euch des armen Volkes an!" Dieser Ruf, der mit besonderer Kraft zuerst im Jahre 1848 erscholl, als die Revolution die schauerlichen Tiefen des Verderbens aufdeckte, welche unter einem früheren Regiment, unter, wie man es treffend nennt, dem „Despotismus der Aufklärung", unter der aufgeklärten Büreaukratie sich gebildet hatte, ist nicht vergeblich gewesen. Die thätige Teilnahme am vaterländischen Leben ist gewachsen, insbesondere im socialen Gebiet. Das kräftige Auftreten einer konservativen Partei, die Grundsätze der „kaiserlichen Botschaft", das vom „Reichskanzler als leitender Grundsatz der Reformgesetzgebung aufgestellte „praktische Christentum", der dem gottlosen materialistischen Socialismus entgegentretende christliche „Socialismus", besonders in der Stöckerschen Bewegung, das Eintreten entschiedener Christen für Wiederaufrichtung guter Ordnungen im Handwerkerleben, in neuen zeitgemäßen Innungen, Lehrlingszucht u. s. w., — mögen Mängel an allem dem sein, — beurkundet einen entschiedenen Fortschritt des Einflusses des kirchlichen Lebens, christlicher Grundsätze auf die Neugestaltung des gesamten Volkslebens.

In dieser Richtung wird es sich weiter zu entwickeln haben, selbstverständlich aber nicht so, daß die Fortentwicklung der Lehre durch tieferes Eindringen und inneres Erlebnis dabei in den Hintergrund träte, so daß, wie man zu sagen pflegt, das praktische

Christentum vor dem dogmatischen einen Vorzug bekäme; denn ersteres ohne letzteres ist wie ein Baum, dessen Wurzeln nicht im nährenden Erdreich, sondern in der Luft stehen, er muß bald verwelken und verdorren. Und nie wird ein Wort, eine That, die man christlich nennt, es auch sein, und irgend welchen Wert und rechte Wirkung haben, wenn sie nicht aus persönlichem Glauben kommen. Entschieden unrichtig ist die Ansicht, aus welcher seiner Zeit die Rede vom „unbewußten Christenthum" hervorging, mit der man auch dem, des persönlichen Glaubens Entbehrenden, ein volles Bürgerrecht in der Kirche (einen vollen Anteil an ihrer Leitung in Presbyterien und Synoden) verschaffen wollte. Nicht, als ob es nicht ein wirkliches unbewußtes und doch ganz echtes Christentum geben könne und wirklich sehr häufig gebe, das sogar manchmal echter und wahrer ist, als anderer Leute bewußtes Christentum. Und es sei das hier ausdrücklich bemerkt gegenüber den Einwendungen, die gegen diese ganze Ausführung erhoben werden könnten, als solle den Menschen, die nicht ihr Christentum dogmatisch korrekt in bekenntnisgemäßer Weise auszusprechen vermögen, dasselbe abgesprochen werden, als seien diejenigen, welche vor dem Zustandekommen der Bekenntnisse über einzelne Wahrheiten des Evangeliums gar nicht im Besitz und unter der segensvollen Wirkung derselben gewesen, im einzelnen: als hätten etwa die Christen vor Zustandekommen des Nicänischen Glaubensbekenntnisses noch keinen rechten Gottesglauben gehabt, und seien vor Luther keine Menschen durch den Glauben gerecht geworden, da sie ja die Rechtfertigungslehre noch nicht kannten, und sei jedem das Christentum abgesprochen, der nicht die dogmatisch korrekt gefaßte Lehre kennt und bekennt. Das ist ja einfach durch die Hinweisung auf den Vater der Gläubigen, Abraham, erwiesen, der 2000 Jahre vor Christi Geburt lebte, seinen Namen nicht kannte, und doch an ihn glaubte, — er sah „meinen Tag und freute sich" — man kann die Fülle der Wahrheit in der Knospe haben, aber es ist doch mehr, wenn man sie in ihrer vollen Entfaltung hat, darum der Kleinste im Himmelreich mehr hat, als der Größte aller von Weibern Geborenen, Johannes der Täufer. Wir geben das unbedingt zu, wenn man sagt: Vieler Menschen Verstand reicht ja noch nicht einmal aus, um die Dogmen der Kirche zu fassen; allerdings nicht, wenn sich's um ein verstands- oder begriffsmäßiges Fassen handelt, man kann's aber auch mit dem Herzen fassen und kann es haben, ohne es begriffsmäßig auseinander setzen zu können. Wo wäre ein praktischer Geistlicher, der nicht Leute hätte kennen gelernt, schlichte Handwerker, Bauern, Tagelöhner, arme Frauen, alte Mütterchen, die christlich gelebt und selig gestorben, ohne daß sie ein Wort von der Anselmschen Satisfaktionstheorie gewußt hätten? Wir sagen: Unter Umständen mag ein Mensch ein guter Christ sein mit dem bloßen Vaterunser. Ja noch mehr: Einer Blindenanstalt am Rhein ward ein armes Kind gebracht, das nicht allein blind, sondern auch taub und (darum auch) stumm war, anscheinend demnach bildungsunfähig. Aber den Eltern war es das größte Anliegen, daß es möchte das Evangelium lernen und ein Christ werden. Und es ward einer. Und wie? Um Gottes Barmherzigkeit willen nahm's der Blindenvater auf, gab sich alle Mühe, die Liebe machte ihn erfinderisch. Der einzige Weg, auf dem etwas in des Kindes Seele gebracht werden konnte, war das Gefühl, das körperliche. Das mußte dienen. Ein leichter Schlag bei vorkommender Unart, Trotz ꝛc. weckte das Bewußtsein von Unrecht, Sünde ꝛc., Liebeserweisungen mancherlei Art eine Erkenntnis des Guten, allmählich des höchsten Gutes, Gottes. Besonders die innere Handfläche diente zu geistiger Mitteilung und geistigem Verkehr. Ein plastisches Christusbild lehrte das Kind den Erlöser kennen, ein Kruzifix sagte ihm von seinem versöhnenden Kreuzestod. Es faßte unverkennbar das alles. Anima naturaliter christiana. Und mit der Entwicklung, mit dem Fortschritt christlicher Erkenntnis, entwickelte sich auch sein sonstiges Geistesleben, gab's einen Fortschritt in seiner Verstandeserkenntnis, in kleinen Handarbeiten ꝛc. Es ward ein braves, fleißiges, geduldiges, sanftes, liebevolles, gehorsames Kind. Gott der Herr nahm es früh weg von dieser dunkeln Erde. Als es im Sterben lag, hätten seine Pfleger gern gewußt, ob es im Glauben sterbe. Man wußte eine Frage durch die innere Handfläche an seine Seele zu richten. Und das Kind — breitete die beiden Arme aus (wie Christus am Kreuz) und legte sie dann fest und innig aufs Herz; das hieß: Christus der Gekreuzigte ist mein! Das war ein ganzer Christenglaube, und wenn dem Armen drüben das Auge und das Ohr aufging, geschah der größte Fortschritt, es sah und erkannte des Menschen Sohn in aller seiner Herrlichkeit.

Es giebt ein unbewußtes Christentum, das ist aber

nicht das, was man in der Zeit jener Verfassungskämpfe darunter verstand und noch vielfältig darunter versteht. Der sel. Professor Rothe, dessen eignes bewußte reiches Christentum niemand bezweifeln wird, hat den Ausdruck aufgebracht. Er meint, es seien eben christliche Anschauungen und Grundsätze ins Gemeinleben übergegangen und zur Geltung und Herrschaft gekommen, von denen aber viele Leute gar nicht mehr sich bewußt wären, daß sie von Jesus Christus herrührten, die sie vielmehr für ein Ergebnis natürlicher Entwicklung, fortschreitender Bildung, vernünftigen Nachdenkens hielten. Indem sie danach lebten, lebten sie unbewußt als Christen. Es ist hier das gemeint, was man **Humanität** nennt. Es ist ja unwiderlegbar, daß alle Grundsätze dieser Humanität, vom Adel der Menschheit, von Billigkeit, Gerechtigkeit, allgemeiner Menschenliebe u. s. w. nur aus dem Christentum stammen, während man sie aus der menschlichen Vernunft und etwa auch dem Gewissen herleitet, aber ebenso unwiderlegbar wird es sein, daß ein human denkender und handelnder Mensch darum noch kein **christlich denkender und handelnder** ist, und noch mehr, daß bloße Grundsätze, die im allgemeinen herrschen und nicht im **persönlichen Glauben** des Einzelnen wurzeln und von da immer neue Kraft erhalten, nicht bloß bald alle Wirkungskraft verlieren, sondern wohl gar ins Gegenteil umschlagen, wie die Losung der Revolution: Freiheit, Gleichheit, Brüderlichkeit in die fürchterlichsten Greuel der sog. Schreckensherrschaft hineinführte. Bloße Grundsätze der Humanität haben noch nie vermocht, ein Volk auch nur vor dem allerinhumansten Wesen, ja vor Versinken in Bestialität zu bewahren. Eine Zeit, ein Geschlecht, kann sich darum niemals eines wirklichen Fortschrittes rühmen, darum, daß humane Grundsätze in ihm gelten sollen, wenn sie nicht die Herrschaft in den Einzelnen haben. Und die können sie nicht haben, wenn nicht in den Einzelnen ein neuer Mensch geworden ist. Und dazu muß in den Einzelnen heutzutage noch ganz dasselbe vorgehen, was vor 1800 Jahren an **Zöllnern** und **Sündern**, an **Pharisäern** und **Schriftgelehrten**, an **jüdischen Sadducäern** und **griechischen Epikuräern** ꝛc. vorgehen mußte. Eine Zeit schreitet in demselben Maße fort, als die einzelnen Menschen fortschreiten und zwar vor allem in sittlicher Hinsicht; sonst schlägt, wie das thatsächlich bei den Kulturvölkern der alten Welt geschehen, die höchst gesteigerte Kultur in Barbarei um und die Völker verkommen in sittlichen Greueln, werden im Lasterleben bis zur Unnatur und Widernatur zum Aas, um das sich die Adler sammeln. Züge solcher Entartung fehlen leider nicht bei den Kulturvölkern der Neuzeit. Man braucht bloß an die grauenvolle Herrschaft der Unzucht zu denken und die andern Greuel, die sie im Gefolge hat, über die wahrhaft nicht mehr bloß fromme, sondern auch sehr liberale Leute erschrecken. Der Fond von Rohheit im Volk, über den einmal ein **deutscher Staatsmann** liberaler Richtung geklagt hat, ist in der That vorhanden, und kein Kulturfortschritt ohne Christentum, kein noch so reicher und mannigfaltiger Lektionsplan für die Volks- und für die Fortbildungsschule wird ihn beseitigen, so wenig man in chemischen Retorten das böse Ich des Menschen umwandeln wird, das auch die feinsten und schönsten Kulturblüten und Früchte in Nachtschatten, Schierling, Bilsenkraut, Tollkirsche und andere Giftpflanzen verwandeln, den Menschen zum schrecklichsten der Schrecken, zum Tiger, zur Hyäne machen kann. Auch das **Böse wird fortschreiten, sich fortentwickeln, fortbilden,** bis es sich vollendet im „Menschen der Sünde", seinen Höhepunkt erreicht im Antichrist und seinem Reich in einer aufs höchste gesteigerten widergöttlichen Kultur, die, ausgehend von ihren starken Anfängen in der Gegenwart, sich erhebt über alles, was Gott und Gottesdienst heißt. Das Christentum aber, als höchste Kulturmacht, wird, wo es Raum findet, alles, was roh und böse ist, überwinden, wird die Menschheit, ihre einzelnen Glieder neugebärend und heiligend, auch im großen und ganzen weiterführen von Stufe zu Stufe, in heiligen Ordnungen sie sammelnd zu einem Volk von Brüdern, als lebendige Steine sie auferbauend zu einem geistigen Tempel, bis sich erfüllt, was als Ziel der Weltgeschichte bestimmt ist, was auch allen redlich strebenden, arbeitenden, kämpfenden, hoffenden Menschen als höchste Kultur mehr oder weniger klar und bewußt vor der Seele steht, eine vollendete Menschheit, welche, nachdem sie den Kampf mit dem Widersacher bestanden, den der Herr mit dem Hauch seines Mundes vernichtet, die Erde und ihre Kreaturen beherrscht in einem Zustand, da alles Glück und Zufriedenheit Störende selbst aus der Natur beseitigt ist, wie es sogar der Socialismus in seinen Prospektus aufgenommen, freilich nur als Phantasiegebilde, das menschliche Ohnmacht verwirklichen soll, wie es aber die Propheten als Gottes Werk schildern als den Zustand des vollsten

Friedens, da die Schwerter zu Sicheln und die Spieße zu Pflugscharen geworden, Löwe und Schaf zur Weide gehen, der Säugling am Loch der Otter spielt, wie es endlich dem Christen entgegenleuchtet als der neue Himmel und die neue Erde, in welchen Gerechtigkeit wohnet, mit der Stadt im Mittelpunkt, von der St. Johannes schreibt Offenb. 21: „Und ich sah die heilige Stadt, das neue Jerusalem von Gott aus dem Himmel herabfahren, zubereitet als eine geschmückte Braut ihrem Manne. Und hörte eine große Stimme, die sprach: Siehe da eine Hütte Gottes bei den Menschen, und Er wird bei ihnen wohnen, und sie werden sein Volk sein, und Er wird ihr Gott sein. Und Gott wird abwischen alle Thränen von ihren Augen, und der Tod wird nicht mehr sein, noch Leid, noch Geschrei, noch Schmerz wird mehr sein; denn das Erste ist vergangen. Siehe, ich mache alles neu!"